生徒の学びがはじける教室

子どもたちはみな“善く”生きようとしている

山口　隆博

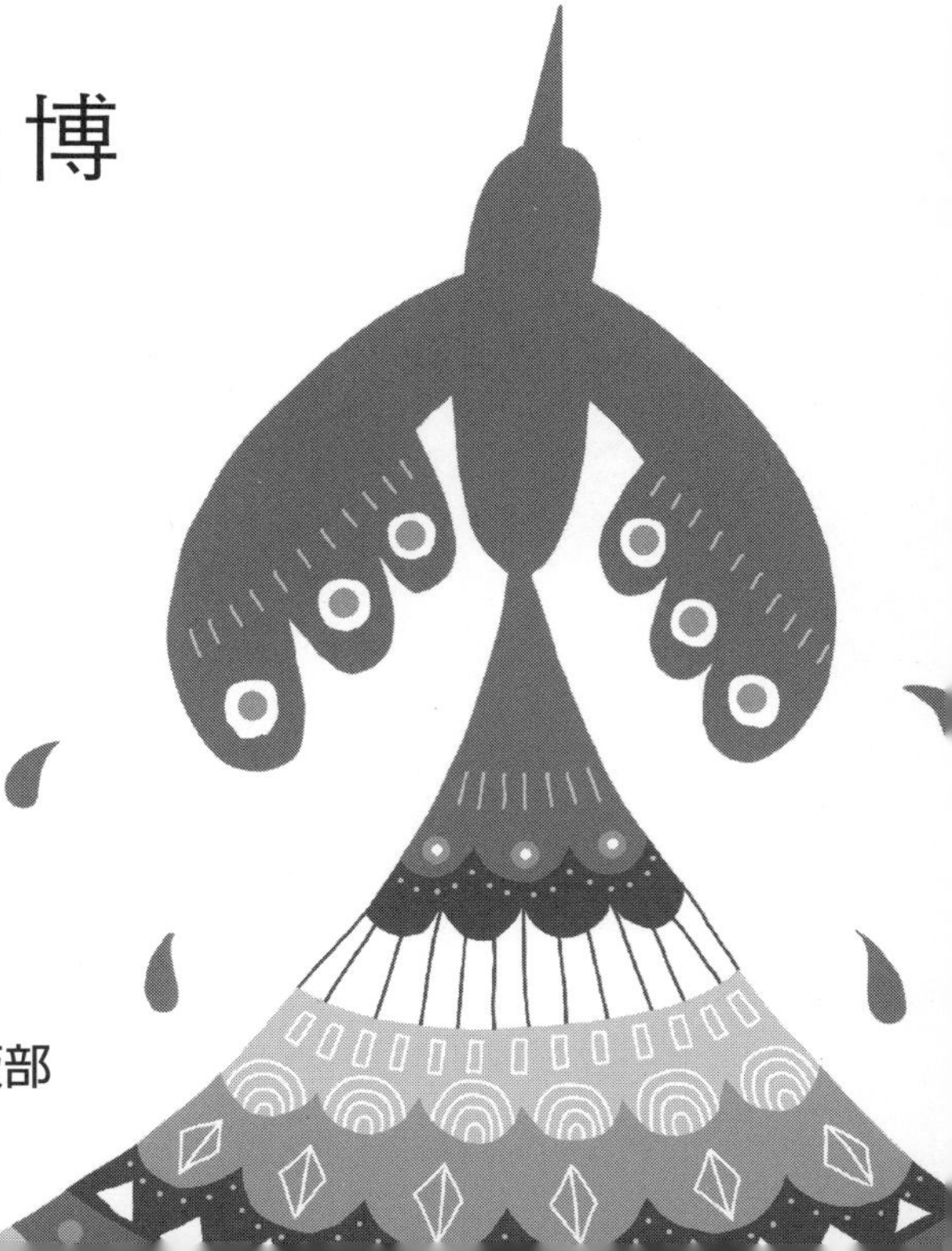

産業能率大学出版部

はじめに

学びの原点

本書の出発点は、コロナ禍の緊急事態宣言による、学校の休校でした。

そこから「学校とは?」、「教育とは?」を真剣に考え始めました。

ソーシャルディスタンスを取るために、クラスを半分にしたり、On-Line 授業をしたりと、現場の先生方は、いろいろな工夫をしました。

そのような変化、これまでやったことのない新しいチャレンジを見ながら、大学の村井実ゼミ（教育哲学）以来ずっと考えてきた教育に対する想いを "I have a dream." としてまとめました。

それを最初に読者の皆様にご提示し、より善い教育とはどうすることかを、一緒になって考えていきたいと思います。

I have a dream.

私には夢があります。

日本を新しい教育構造に変えることです。

1人ひとりの子どもが、それぞれに与えられた天資を発揮できる教育制度に変えることです。


私には夢があります。

大人が勝手に決めた教科の勉強を強制しない学校制度をつくることです。


私には夢があります。

好きな時に好きな学びができる自由な学校制度にすることです。


私には夢があります。

人間の価値を数値で決めるような誤った評価をしない社会にすることです。

ペーパーテストの点数だけで子どもたちを選別する入試は廃止し、学びたい者は誰でも受け容れることのできる学校制度です。高校や大学の序列は一切ありません。


私には夢があります。

それは、いつの日か、幼稚園から大学までの、教育にかかる費用（学費）は、国民全て平等に国費でまかなう国にすることです。

国は、教育環境整備には国費を投じ、教育内容には、口を出してはいけません。

国益のための教育などあってはなりません。

国民1人ひとりの「人間のための教育」を行う国です。教育は独立し、政事とは切り離さなくてはなりません。国公立（官学）の学校はなくし、すべて民有私立学校にします。

官尊民卑思考など存在しません。

教育を考える上で、確認しておきたいことがあります。

どんな子だって、善く生きようとして生まれてきています。

どんな子だって、人とは違った天資をたずさえてこの世に生まれてきています。

どんな子だって、宝石の原石です。

その宝石を見つけ磨いてやることが、教育の仕事です。

それぞれが異なった光を放ち輝くよう励まし支援してやるのが大人の仕事です。


明治維新から続いてきた、国が教育を支配するという現行の学校教育制度は、もともとからおかしな教育制度であることを知っておいてほしいのです。

国民自身のものとしての私学がまずあって、国家はそれを補うものであるべきです。

知識偏重、点数至上主義によって人間を序列化するようなことは、本来の教育には当たりません。答えが1つのペーパーテストで高得点が取れるというのは、それはそれで素晴らしいことですが、単に人間の能力の1つにすぎません。クイズで正解するのと変わりありません。

それなのに、これまではそれを学力などと呼び、あたかも全人格がそうであるかのように決めつけてきました。人間が社会生活を営む上で最も大切なもの、それは「総合的な人間力」です。

親も先生も大人はみな、このことを再確認してほしいものです。

目次

はじめに　i

第1章　どんな子どもでも金玉《きんぎょく》の身である……11
1. 教育の北極星①子どもたちはみな〝善く〟生きようとしている　13
2. 教育の北極星②子どもたちはみな違っている　18
3. 子どもを元気にする言葉と働きかけ　22
コラム❶「31年ぶりに高校に戻り、驚いたこと」　34

第2章　高校生のマインドに「気づき」を与える……37
1. 「教育」「学校」「学力」の本当の意味　39
2. 偏差値至上主義の日本　42
3. 本当の学力とは　45

4. すべての子どもに「気づき」を与えたい　50
5. 【実例】生徒たちが叶えた「夢」や「奇跡」
（鳥取県立米子西高校、鳥取県立米子東高校、産業能率大学）　54
コラム❷「ジャーナル・ライティング（Journal Writing）」　94

第3章　生徒の心をときめかせる授業の「技」……97

1. 授業は生き物だ　99
2. ひと味違う自己紹介・他己紹介　108
3. スキットは本格的に　114
4. なりきりコンテスト　122
5. 子どもの能力に感動するレシテーション　126
6. すべての生徒から大好評！　ラップ大会　135
7. ディベートにチャレンジ　138
8. 受験英語を超える！——米子東高校での実践　143

9. 「教科書を教える」授業はやらない 148
10. 私の授業の効果と成果（米子西高校、米子東高校） 153
コラム❸「東洋英和女学院大学のキャロライン・ケネディ元駐日大使!?」 167

第4章 誰だって「奇跡」を起こせる……169

1. 偏差値30から慶應義塾大学に合格 171
2. 逃げないで勝負したら奇跡が起きた 189
コラム❹「ラップ授業、全国ツアー」 194

終 章 これからの教育のかたち……197

1. これまでの教育のかたち 199
2. これからの教育のかたち 202

おわりに 209
参考図書 210

第1章

どんな子どもでも金玉《きんぎょく》の身である

私の唱える「教育の北極星」とは、私たちが教育の進むべき正しい方向を間違えぬようにするための道しるべであり、ぶれてはならない教育の原点です。

親・教師を含めたすべての大人たちは、次の2点を「教育の北極星」として持ちましょう。

- 子どもたちはみな〝善く〟生きようとしている。
- 子どもたちはみな違っている。

この2つを共通認識として持ち、子どもに接していれば、自分に自信を持ち〝善く〟生きることができるでしょう。

1. 教育の北極星①
子どもたちはみな〝善く〟生きようとしている

すべての教育の根本になければならないもの

親御さんも先生（以下、私たち）も、すべての大人が、子どもを〝善く〟したいと思っています。ここでは、その対象となる子どものことをどう捉えるのかが、とても重要なポイントとなります。

一般的に、子どもは「もともとダメな方に動く」、「白紙のようなもので、〝善い〟と〝ダメ〟の区別がつかない」として捉えられています。

そして、大人が〝善さ〟を決めて導き、その鋳型の中に押し込んでやらなければならないと思われがちです。現行の学校教育制度も、この考え方に基づいているといえるでしょう。

しかし、私たちは、今一度、子どもたち自身が〝善く〟なろうとしている、という捉え方に戻るべきではないでしょうか。

私の大学時代のゼミの師匠でもある教育哲学者・村井実氏は、『この国の教育のあり方』（山口隆博編、アルク）の中で、最近の日本の教育の動きについて、次のように答えています。

「生きる力」を育てよう、「考える力」を身につけさせよう、といった最近の学校教育の風潮からは、あたかも今の子どもたちにその力が欠落しているかのようなニュアンスが感じられます。しかし、どんな子どもであっても、生きている限りは、みな「善く生きたい」と思っているのです。すべてのおとなたちがまずそこに気づかないことには、教育のあり方や子どもとの接し方を、どんなに工夫しても意味がありません。「子どもたちはみな善く生きようとしている」と信じることが、すべての教育の根本になければならないと思います。

ソクラテス→ペスタロッチ→デューイ→福澤諭吉→村井実へと時空を超えてつながってきた、この捉え方こそ、私たち大人が共通認識として持っておかなければならないこと、つまりは、ぶれてはならない教育の原点です。

私が、子どもたちは〝善く〟生きようとしていると実感した実例を2つ、ご紹介しましょう。

都立足立東高校の分数少女

都立足立東高校を取材した時のことです。当校は、東京都が教育困難校を新しいタイプの高校「エンカレッジスクール」として再出発させたものです。

高校1年の数学の授業を見学させてもらいました。4段階に分けた一番下のクラスです。クラス選択は生徒自身が決めます。

15人ほどが入れる小教室で、生徒は、自分がつまずいたところから学び直すプリント学習を行います。通常の授業とは異なり、先生は教卓に座り、生徒が質問に来たら個別に対応するスタイルです。例えるなら、寺子屋のようでした。

ある生徒がシャカシャカと分数の足し算をしていたので、「分数、楽しい?」と尋ねました。すると、心の底から幸せそうな笑顔で、「はい。分数って、面白いです!」と答えてくれました。

私は不思議な気持ちになりました。高校1年生が、「分数の足し算ができて、面白い」と言っているのです。

分数の足し算は、本来なら小学校4年生で習得すべき内容です。しかし、理解できないまま置き去りにされ、学年が進んで苦しんでいる生徒はたくさんいることでしょう。この生徒は学び直しのチャンスを得て、学習意欲に燃えていました。

この時、私の脳裏をよぎった言葉が「子どもたちはみな〝善く〟生きようとしている」です。

子どもを信じて寄り添い、喜びも苦しみも共にし、子どもが〝善く〟生きられるようお手伝いすることが、本来の教育であるべきです。

教育とは、大人が決めた〝善さ〟の鋳型に子どもをはめ込もうとすることではありません。ましてや、政治家が国益のために〝善さ〟を決め、国民を画一・標準化するための道具では、決して、ありません。

ねむの木学園の漢字青年

ねむの木学園の宮城まり子さんを訪問したこともあります。取材終了後、学園の卒業生で職員として働いていた青年が、隣の茶室でお抹茶を立て、ぎこちない歩き方で運んできてくれました。

彼が去った後、まり子さんが話してくれました。

「彼は、漢字が嫌いで、全く漢字が書けなかったのです。でも2年前、『僕、漢字に興味が出てきたので、勉強したいです』と。それで、じゃあ、小学1年生と一緒にやることになるけどいい？　と尋ねると、『はい、それでも学びたいです』というので、漢字の勉強を始めたところ、なんと1年間で一気に高校卒業レベルの漢字まで書けるようになったんです。興味があってやる気になると、人間って、すごい能力を発揮するんですね」

この例も、人間は、自ら〝善く〟生きようとしている証明だと思います。私たち大人は、共通認識として、子どもたちはみな〝善く〟生きようとしている、と捉えなければなりません。これはぶれてはならない教育の原点であることを、改めて確認しておきたいと思います。

2. 教育の北極星②
子どもたちはみな違っている

日本の学校教育が置き去りにしてきたこと

私は、中学・高校・大学で教師を経験しました。こうした経験を通して感じたのは、明治維新以来、日本の学校教育は“All men are 'different'.”（人間はみな「違っている」）を置き去りにしてきたということです。

"All men are created equal."（人間はみな平等に創られている）という言葉はご存じですよね？

米国の「独立宣言」、リンカーン元大統領の「ゲティスバーグの演説」、キング牧師の演説"I have a dream."オバマ元大統領の「就任演説」などでも使われている、あまりにも有名な言葉です。

わが国でも、明治維新の頃、福澤諭吉は『学問のすゝめ』の巻頭で、「天は人の上に人を造らず、人の下に人を造らず」と言いました。これは、皆さんもよくご存じの言葉ではないでしょうか。

しかし、私が声を大にして訴えたいのは、「人間はみな違っている（All men are 'different'.）」です。

人間は、みな平等に創られています。しかし、1人ひとりは違う個性や価値観を持った人間です。この点が置き去りにされ、「みな同じでなければならない」と誤解する人たちのなんと多いことでしょう。

現在の学校教育制度は、明治5（1872）年の学制発布に端を発します。

国益のために、近代国家づくりのコマを教化するための学校をつくり、「みなが同じでなければならない（All men should be the same, have to be the same.)」という、中央集権の専制主義的教育が行われてきました。

この学校教育制度が、明治以来、現在に至るまで150年以上も続いているのです。

特に、学校の中にいると、この中央集権的な教育制度を強く感じることがあります。例えば、皆さんもよくご存じの校則について。制服がある学校では定期的に服装検査があり、団体行動をとる時には、「同じであること」が強要されます。

また、検定教科書を通して同一内容を一律一様に覚えさせ、1つの答えしかない試験が行われる。自分の考えや意見を主張する、記述式の試験はほとんど存在しません。

人間としての個性や違いを大切にする教育を

宮城まり子さんは『この国の教育のあり方』の中で、次のように語っています。

だれにでも得意なことと不得意なことがありますよね。すべてをできるようにしようとするのは、どこか間違っているような気がするんです。ねむの木では好きなこともできることも、みんなそれぞれに違います。絵を描くのが得意な子もいれば、本を読むことが大好きな子もいます。何かひとつきらきらと光るものをもっていたら、それでいいじゃない。

また、罪と病の二重苦を背負った子どもたちの更生施設、京都医療少年院の精神科医、岡田尊司氏は著書『悲しみの子どもたち——罪と病を背負って』（岡田尊司、集英社新書）で次のように述べています。

画一化された教育制度の弊害は、もはや限界に達している。（中略）同じ内容を均一的に習得させせようとすることは、一部の生徒にとっては落伍者の烙印を押すだけの意味しかなく、虐待を加えているのにも等しい。

私は訴えたいのです。

人間は、みな違います。違いを認め合い、お互いを尊重し合う民主主義の教育を、学校教育の中に根づかせなければなりません。

もういい加減、1人ひとりの、人間としての個性や違いを大切にする教育に変えるべき時がきているように思います。

すべての日本国民が、子どもたちはみな違っている、という共通認識を持つこと。

これが、ぶれてはならない「教育の北極星」の2つ目です。

3．子どもを元気にする言葉と働きかけ

子どもたちに伝えたい言葉

次の言葉は、私が授業中、事あるごとに魂の叫びとして、熱く、熱く、生徒たちに語りかけてきたものです。

みんな違って、みんないい

君たちは、みな顔が違うように、好き嫌いや、得意不得意なこと、価値観など、1人ひとり、みな違っているんだ。金子みすゞさんは詩『私と小鳥と鈴と』の最後に、「みんなちがって　みんないい」と言ってるぜ。福澤諭吉も、人間はそれぞれが異なった「天資」（宝石）を抱えてこの世に生を受けている、と言っている。

（机の間を歩きながら、1人ひとりを指さしながら）君はダイヤモンドかもしれないし、君はサファイアかもしれない、君はルビーかもしれない。みんな違った宝石を持っているんだ！　いいかい、人と比較するんじゃなくて、自分自身の中で優れていること、得意なものを探し出すんだ。それが、君の「宝」、「善さ」なんだから。それを磨いて輝かせるんだ！

夢は必ず叶《かな》う！　あきらめなければ

雑誌の取材で、いろいろな分野で活躍している著名な人たちに会ってきたけど、みなが同じことを言っている。「夢は必ず叶う！」って。途中であきらめて、夢から逃げた大人が、「夢なんか見たって叶うもんじゃない」と言うんだ。

夢は逃げない、逃げるのはいつも自分

義家弘介さんって、知ってるよね。彼が政治家になる前、ヤンキー先生で有名になった頃のホームページに、大きく掲げられていた言葉がある。「夢は逃げない、逃げるのはいつも自分」だった。私は、この言葉に感動し、たくさん勇気をもらってきた。

思うは招く

２００２年よりＣＡＭＵＩロケットの打ち上げ開発を行っている、日本の技術家・植松努さん。彼のスピーチには、印象深い言葉がたくさんあります。

私は受け持ったクラスで、年に1度は彼のＴＥＤスピーチ「思うは招く」をYouTubeで見せ、自分の心に届いた言葉をメモするようにさせました。そして、物事がうまくいかなくなった時は、このメモに残した言葉を何度も見返すように勧めました。

いくつかご紹介しましょう。

- 「思うは招く」は、「思ったらそうなるよ。思い続けることが大事」という意味です。
- 「夢なんて叶うわけない」というのは、夢を追ったことがない大人の言葉です。
- 「失敗」はマイナスではなく、よりよくするためのデータにすぎません。
- 「どうせ無理」という言葉ほど、人間をダメにするものはありません。その代わりに、「だったら、こうしてみたら」と言えば、前向きになれます。
- できない理由を探すのではなく、できることを考えましょう。

植松努氏
TEDスピーチ

大切なのは前に進み続けること

「大切なことは、何回拒まれ、失敗し、たたきのめされたかではなく、何回立ち上がり、勇気を出して、前に進み続けて来たかなんだ」

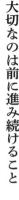

"It's not about how many times you get rejected or you fall down and get beaten up, but how many times you stand up, and are brave and you keep on going."

レディー・ガガ
アカデミー賞
授賞式スピーチ

これは、レディー・ガガがアカデミー賞授賞式で行ったスピーチで、世界中の人々を感動させた言葉です。

彼女の英語スピーチは生徒たちにも見せ、暗唱させてきました。「夢はあきらめなければ叶う」という勇気をもらえるスピーチです。

夢を叶えた人たちは、挑戦し続けていた

星出彰彦宇宙飛行士は、宇宙航空研究開発機構（ＪＡＸＡ）の宇宙飛行士選抜試験で、３度目にやっと合格したそうです。また、モデルの富永愛さんも、テレビ番組「NHKアカデミア」のインタビューで、次のように語っていました。

「私は1日に15〜16回のオーディションを受けました。確実に落ちたなとわかった時も、落ち込んでいる暇はありません。気持ちの切り替えが大切なんです」

何回試験やオーディションに落ちても、あきらめず、何度も何度も挑戦し続けること。夢はその延長線上にある、ということでしょうか。

その他の元気になる言葉

子どもたちに伝えたいのは、著名人の言葉ばかりではありません。私が実際に見聞し、子どもたちを元気にしてきた言葉も紹介しましょう。

「ダメ元でいいからさ、とにかくやってみなきゃわかんないだろう。うまくいけば、ラッキー。だめだったら『やっぱ、だめだったか。もっと頑張ろう』で、いいんだよ。

チャレンジしてみなきゃ、何もチャンスなんか来ないぜ。'try and error' の繰り返しで前進していけばいいんだ」

「新しいことをやる時は、前へ、前へ、前へ倒れるんだ!」

「自分を低く見積もるな! 君はそんなものじゃない。学校の評価で5段階の1をつけられたとしても、ペーパーテストの点数でそうなっただけで、君っていう人間の評価が1ではないんだ。自分を低く見積もるなよ。君しか持ってない宝石を磨き上げるんだ」

「『自分ってすごい』と、勘違いすること。そう思って頑張っていると、本当にそうなるんだ」

「『自分はヒーローー!』――そう思ったら、ヒーローになれるよ、不思議なことに」

「元プロボクサーで、オリンピック金メダルとプロ世界チャンピオンの両方を勝ち取った村田諒太選手を知ってるかい？ 彼が、ＮＨＫのテレビ番組「クローズアップ現代」で、こう言っていたんだ。『恐怖は怖い。でも、怖いけど進むんだ。それに立ち向かうことが、人間をつくっていく。相手に勝つことばかり追いかけるのではなく、自分に勝つこと。そして、自分に負けないこと』と」

また、田園調布学園大学の２年生クラスでのことです。ペアになってお互いに英語でインタビューし、みんなの前で、他己紹介するという活動を行いました。人数の関係で、１人だけパートナーがいない女子学生がいたため、私が相手をすることになりました。そこで「君の得意なことは何？」とインタビューしたところ、次のような答えが返ってきたのです。

「切り替えがうまくできるところだと思います。とことん悩んだら、過去に決別し、明日に向かって進めることです」

悩み始めたら迷路に入って逃げられなくなり、何日も悩み続ける場合もあるので、彼女の切り替え方はすごく勉強になったものです。

「秘めたるは、言葉の力」

2018年11月28日付東京新聞の記事を紹介しましょう。「秘めたるは、言葉の力」というタイトルで、3人のアスリートの言葉が掲載されたものです。

柔道の渡名喜風南《となきふうな》選手の言葉「死ぬこと以外『かすり傷』」。スポーツクライミングの野中生萌《みほう》選

「秘めたるは、言葉の力」（東京新聞2018年11月28日）

手の言葉「今に見てろ、と『笑って』やれ」。そして、トライアスロンの上田藍《あい》選手の言葉「『勘違い』する」です。

私は、この記事を自室の壁に貼り、3人の言葉を見ていつも元気をもらってきました。そして、私が担当したクラスの生徒たちにも「元気をもらえるよ！」と紹介してきました。

子どもたちを元気にする働きかけ

子どもたちを褒めていますか？ 褒めることは、子どもを認めることです。褒めることは、〝善く〟生きようとしていることを自覚させることです。

褒めることは、「宝物」のふたを開けてやることです。長所を自覚させ、自信を持たせることです。

子どもは褒められた数だけ、自信になります。褒められると元気のスイッチが入り、自分に自信がつきます。

オーストラリアの親御さんたちは、自分の子どもの良いところを一生懸命アピールします。あまりにも日本の子育てと違うので、ある時、私は次のように尋ねてみました。

「日本では、人前では自分の子どもを褒めません。親ばかと思われるからです。なぜ、そんなに自分の子どもを褒めるんですか？」

すると、こんな答えが返ってきたのです。

「他人にはわからない子どもの〝善さ〟を、親が一番わかっているから、アピールするんです」

文化の違いですね。

ぜひ、親御さん、先生方、子どもを「元気にする言葉」をかけてあげてください。子どもたちはみな〝善く〟生きようとしているのです。

子どもを褒め、認め、自信をつける言葉や元気になる言葉をかけてあげることが、大人にできる働きかけです。それが、本当の「教育」だと私は思います。

コラム①　31年ぶりに高校に戻り、驚いたこと

私は東京都立永福高校教員時、オーストラリア派遣教員としてニュー・サウス・ウェールズ（NSW）州のハイスクール7校で、日本語教師として勤務しました。オーストラリアの学校教育を、中に入って1年間実体験したのです。

その後、出版社アルクに転職。そして、留学カウンセラーとして、約50校の英、米、加、スイスのボーディングスクール（全寮制寄宿学校）、大学、大学院を訪問しました。

英国パブリックスクール連盟（ISIS）、米国ボーディングスクール連盟（NAIS、SSATB）の年次総会に毎年出席し、教育に関するさまざまなワークショップに参加しました。

特に、米国SSATBのワークショップでは、「IQテストは本当に信頼できるテストなのかどうか」、「入試の生徒選抜で最も大切なことは、〝BEST MATCH〟である」などについて議論されていました。学校の伝統や雰囲気、教育方針に生徒が合っているかどうか、生徒にとっても学校にとっても〝BEST MATCH〟でなければ、お互いに不幸である、という考え方は、日本にはない発想で驚いたものです。

アルク退職後は、3つの大学で「学生が活躍する授業」のチャレンジを続けました。

そして、母の介護がきっかけで故郷である米子に舞い戻り、31年ぶりに、また高校で教えることになったのです。

久しぶりに教壇に立ち、驚きました。学習指導要領は3回も変わったのに、日本の学校教育制度そのものや、現場の慣例化した学校運営体制が31年前とほとんど変わっていなかったからです。

まず、これはおかしい！　と思ったことは、「なぜ、教師が何もかもやらなければならないんだ」ということです。

企業や大学のように専門の部署を設置して、授業以外の仕事は、専門職に委ねること。総務課、教務課（含情報システム）、カウンセラーも含めた生徒支援課、進路指導課などを設置し、専門職員に任せること。部活も外部指導者に委託すること。

そういう学校運営組織に変えればいいのです。いいですか、「教師の本業は授業」なのです！

「国際教員指導環境調査（TALIS）2018報告書」によれば、「日本の先生の仕事時間は、世界一長い」という結果が出ました。そして、「その原因は、授業以外にある」ことも判明しました。教師に何もかもやらせすぎという事実が証明されたのです。

第2章

高校生のマインドに「気づき」を与える

私は16年間にわたり、中学・高校教師を勤めてきました。そこには1つの〝想い〟がありました。

それは、教師にとって、子どもが「夢」だということです。

毎年関わる子どもたち（主に高校生）に、元気を出させ、内に秘めているものを引き出せるかどうかは、教師にかかっています。

ビジネス的に言えば、いかに子どもに「気づき」を与えられるかです。

1.「教育」「学校」「学力」の本当の意味

教育

日本の辞書では、「教育」の第1義は、文字どおり「教えて育てること」となっています。

しかし、英語 education の語源は、ラテン語の educere（引き出す）です。英語だけでなく、ドイツ語、フランス語も、すべてこれから派生しています。

知識・技術を〝教え込む〟という意味ではありません。生活の中から生まれたものであり、政治との結びつきもありません。

語源を知るだけで、明治維新以降の日本とヨーロッパでは、教育に対する考え方・取り組み方が根本的に違っているという事実がわかりますね。

松丸修三氏の論文「『教育』の『発生的定義』提唱の意義について」[1]によれば、日

1　松丸修三著、高千穂論叢、2015年P1、P3

本で最初に教育を定義したのは、私の恩師である慶應義塾大学名誉教授村井実氏です。『教育学全集』（全15巻、小学館）の中で、「教育とは子どもたちを『善く』しようとする働きかけである」と定義づけたのです。

学校

学校schoolの語源は、ギリシャ語skole（ゆとり）です。本来学校とは、人間のゆとりを求める場でした。

ギリシャ時代アテナイの国では、貧しい人はそれなりに安い授業料の講義を聴き、豊かな人は高い授業料の講義を聴きました。学校は、人間のゆとりへの志向に支えられて生まれてきたのです。

画一的な知識技術のすり込みが行われてきた日本の学校教育の変遷の中で、「総合的な学習の時間」こそが、唯一、学校の原点であるゆとりを取り戻そうとした政策です。

学校は人間が日常生活から離れ、ゆとりを求める場であったことを再認識したいものです。

学力

学力とは「学ぶ力」のことです。子どもたちはみな〝善く〟生きようとしています。自ら学びたいと思っているし、学ぶ力も、みな生まれながらにして持っているはずです。

子どもたちには、みな異なる才能と、何かができる能力が備わっています。1人ひとりの子どもの才能を生かし、能力に応じた援助を行い、善い人間にしたいというのが教育です。

では、教育用語で使われる「学力」とは？

「学力」は、国力高揚のために、政治に関わる人々が自分たちの都合で作った言葉です。国益に役立つ人間づくりの仕上がり度をはかる尺度として使われている言葉、と捉えてもいいでしょう。

教育用語としての「学力」は、1人ひとりの子どもを善くしようとする教育活動とは全く無縁の言葉なのです。ですから、そのような「学力」が向上しようが低下しようが、意味のない空騒ぎです。

2. 偏差値至上主義の日本

「学力＝偏差値」ではない

一般的に、マスコミを含め、私たちが「学力」を話題にするのは、小学校からの、各教科のペーパーテストの点数や評価、大学受験のためのペーパーテストの点数や偏差値に関する時です。「学力」が高い・低いというのは、そうしたペーパーテストの点数の良しあし、偏差値の高低を意味していると思います。

これは、単なる受験学力です。受験学力が高い人は全人間性も優れていると勘違いされている人も多いのではないでしょうか。しかし、そういう見方は間違っています。

中学でも高校でも、受験校を決める判断材料は、受験業者が出す偏差値です。一般的には、親も子も、いい学校、いい会社に入れば安泰な生活が保証されると思っています。しかし、成熟社会となった今の日本の状況では、これは幻想に等しいと認識した方がいいと思います。

受験学力は、クイズと同じ

「学力低下」とか「学力向上」という言葉をよく耳にします。特に公立高校では、どこでも学力向上委員会というものがあります。

おそらく、教育委員会からプレッシャーがかかっているのでしょう。レベルの高い国公立大学、有名私立大学への合格者をいかに増やすか、現場の先生方は頭痛を抱えていらっしゃることと察します。

長いスパンで、中学・高校・大学の入試の現実を見てみると、入学定員の数が決まっているので、選抜作業のために入試を行っているのだということがわかります。そして、できるだけ効率的に作業を行うために、答えが1つのペーパーテスト問題を作成し、マークシート方式を採用し、採点を行うのだということも見えてきます。

はっきり言いましょう。答えが1つの問題で正解するのって、クイズと同じじゃないですか。クイズが得意な人間のことを「学力が高い」と言っているのと変わりないではありませんか。極言すれば、東京大学に入学できる人間は、超クイズ王なんですよ。

英国パブリックスクールの事例

留学カウンセラー時代、英国のパブリックスクール（イートン、ハローで有名な全寮制私立中等教育学校）を何校も訪問したことがあります。その中のある学校で、日本からの留学生である高校3年生を紹介されました。

彼は英国に来てからラグビーを始めたとのこと。今やチームのキャプテンとしてヨーロッパ遠征もするほどになり、優秀な生徒だけに与えられるストライプのネクタイを締めていました。

他の生徒とは違う配色をしているそのストライプのネクタイは、成績が優秀だったり、何らかの分野で秀でた成績を修めたり、人間として高く評価された時に与えられるものです。英国の伝統的な人間教育の奥深さを感じました。

3. 本当の学力とは

学力とは、一体何なのでしょうか。ここで、『この国の教育のあり方』で私がインタビューした著名人の方々の、学力に対する考えを紹介させていただきます。

「人間力」 村井実氏

慶應義塾大学名誉教授の村井実氏は、以下のように語っています。

日本の教育は明治維新からおかしくなり、今日まで130余年同じ中央集権の教育制度が続いています。そこでは、国家のための国益を中心におき、国益に寄与するという意味での子どもたちの力が学力と考えられているのではないでしょうか。国益に資するための力、具体的には国語だとか、算数、理科、社会などを総合して学力と考え、成績が上がった下がったということで、みんなが右往左往しているという状況ではないかと思います。だから、そのこと自体が、はじめからおかしいのです。（中略）人間を中心におき、人間の教育という意味での学力といえば、「人間力」ということになります。人間のポテンシャルが上がったかどうかこそ、私たちが問題にすべき学力です。

「社会に出たときに自分でりっぱに生きていける能力」　寺脇研氏

元文部科学省大臣官房審議官の寺脇研氏は、次のように語っています。

ペーパーテストで高得点が取れるという受験のための学力は、人間の能力のほんの一部にすぎません。子どもたちそれぞれの特性や能力を認め、自分の頭で考え、社会に出たときに自分でりっぱに生きていける能力を身につけさせることが大切で、それを実現できる教育政策が必要だと思います。

「自分の意見を言える力」　有元秀文氏

ＮＰＯ法人日本ブッククラブ協会理事長、元国立教育政策研究所教育課程研究センター基礎研究部総括研究官の有元秀文氏は、次のように答えています。

学力とは、「自分の意見を言える力」だと思います。それがデモクラシーを支えるのですから。話し合いで課題を解決し、世の中をいい方向へ変えていくことに結びつく力が、学力の本質でしょう。

「問題解決能力」　義家弘介氏

元文部科学副大臣であり「ヤンキー先生」として有名な義家弘介氏は、次のように語っています。

一般的には、「テストの点数」が学力だと解釈されているように思います。しかし、本来の学力は、ものごとを学び取る力のことです。では、学力は何のために身につけるのか。それは、問題解決能力をはぐくむためです。自分がよりよく生きていくために、学力を育むのです。

「1人ひとりの能力や人間性であり、出身校や成績ではない」　北城恪太郎氏

日本アイ・ビー・エム名誉相談役、経済同友会終身幹事の北城恪太郎氏は、次のように語っています。

学校の成績がいいのは、それはそれで意義のあることですが、企業はさして重視していません。採用に当たっても出身校や成績に関係なく、面接で1人ひとりの能力や人間性を判断する傾向が顕著です。その結果、有名大学を出た成績のいい学生がたまたま採用されることがありますが、出身校や成績自体はことさら大きな要素ではありません。

経済同友会が2006年に行なった採用に関する調査では、245社中222社が、面接結果を重視すると答えています。要は、人物本位なのです。企業の関心事は、あくまでもその人の実力であって、出身校ではありません。

「成績ではなく、人間力」　堀田勉氏

さわやか福祉財団理事長で弁護士の堀田勉氏は、次のように語っています。

学歴偏重主義がいかにむなしいものであるか、みずからの才覚で成功してきた企業のリーダーたちは、とっくにご存じですよ。これからわが子を成長させたいなら、自分で問題を解決する意欲と能力を育てることこそが鍵です。テストの点数や名門大学の肩書きなどは、そこには入ってきません。成績ばかり重視して、人間力をきたえてこなかった子どもは、社会で落ちこぼれていきますよ。

結局、入試の問題や選抜のやり方が間違っているのです。入学選抜の方法をペー

パーテストに頼らず、人間力を見る入試方法に、すべての高校・大学が、今すぐにでも変えるべきです。

文科省がいくら学習指導要領の中身を良くしようとも、入試のやり方が変わらなければ、中学・高校現場では、入試対策の授業が中心となります。これでは、学力に対する考えを見直す方向に舵《かじ》を切るには時間がかかるでしょう。

4. すべての子どもに「気づき」を与えたい

君たちは「オール3の人間」なんかじゃない

1979年、私が31才当時、新設校の東京都立永福高校に赴任した時の話をしましょう。

新設高校にはいろいろな生徒が集まってきます。私立の名門校が受からなかった生徒から、やんちゃグループのお友達のいる生徒まで、さまざまです。

彼らの中学時代の評価を見ると、オール「3」の生徒が大半を占めていました。オール「3」の生徒集団の特徴は、良くも悪くもありません。おとなしく、目立たない生徒が多く、覇気がありません。もちろん、中には突出して成績の良い生徒や、勉強には全く興味のない方で突出した生徒もいましたが。

私は、すべての担当クラスの最初の授業で、心の底から、熱く、熱く、次のように訴えました。少し長いですが、紹介させてください。

君たちは、自分は「3の人間」だと勘違いしてないか？　今日から「3」という数字を、自分の体の中から抹殺しなさい！　君たちは、中学時代のいろいろな教科、例えば国語、数学、理科、社会などの、答えが1つのペーパーテストの点数結果で「3」という数字をつけられたにすぎないんだ。

君という人間が「3」ではないということを肝に銘じてほしい。人間は、1人ひとり違うし、違う〝善さ〟を持っているんだ。

歴史が大好きで戦国武将のことは誰よりもよく知っているとか、走ることにかけては誰にも負けないとか、針の穴に糸を一発で通せるとか、ガラス窓を拭くのが得意で自分が拭いた後の窓にぶつかった奴が何人もいるとか、みな違った得意なことがあるはずだ。

明治維新の頃に活躍した、福澤諭吉って、知ってるよな。慶應義塾を始めた人だ。彼はこう言ってる。

「子どもたちはみな「金玉《きんぎょく》の身」であり、「天資」を授かってこの世に生を受けている」

つまり、1人ひとりが大切な人間であり、みな違った「宝石」を持って生まれてきている、ってことだよ。だからいいか、君は「3」の人間なんかじゃないんだ。だいたい、人間を、数字なんかで決められてたまるかってんだよ！　人間を数字なんかで評価できるわけないんだ！

だからさ、いろんな教科でつけられた評価の数字は、たまたまその時に取った、その教科の点数でしかないんだ。君の人間性とは全く関係ないんだからな。

俺の言ってることが君の心に刺さったなら、今日から、永福での3年間で自分を変えてほしい。この3年間で君の「〝善さ〟の宝石」を見つけ出し、それを傷つけないように、磨き上げてほしいと思う。

他人と比較するんじゃなくて、自分の中で得意なもの、自分だけの「宝石」を見つけるんだよ。

さあ、今日から君は、今までとは全く違う、自信に満ちあふれた人間になるんだ。そして、夢を決めて、夢に向かって突っ走るんだ。それが青春ってもんだろう。

夢は、自分が夢から逃げなければ、必ず叶うからな。今から君の新しい明日に向かって、船出しよう！　そして、できたてほやほやの、この永福高校を、みなで一緒に作っていこうぜ！　君たちは永福高校、第1期生なんだから、思いっきり暴れてやろうぜ！

5.【実例】生徒たちが叶えた「夢」や「奇跡」
（鳥取県立米子西高校、鳥取県立米子東高校、産業能率大学）

後述しますが、私自身があきらめずに夢を追い求めて「奇跡」を起こした経験を持つため、生徒たちには繰り返し、こう言い続けてきました。

「夢は、必ず叶う！　逃げなければ。
そして、どんな、どんな人間でも、〝奇跡〟は起こせるんだ！
夢から逃げた大人や先生が『夢なんて叶わない』と言うんだ」

では、私が実際に高校生と向き合い、どんな指導を行ったのか、お伝えします。

単語テストで全員満点！（米子西高校）

高校2年の「コミュニケーション英語」クラス（40人）を担当していました。

そのクラスでは、毎週金曜日に、生徒が持つ英単語集から50個の単語を決め、その中から15個選んで単語テストを行っていました。15点満点の生徒は、せいぜい2人前後。平均点はいつも7～9点です。

ある日、私は生徒に気合を入れて訴えました。

「1回でいいからさ、みなで満点取ってみないか？ 本気になってやってみて、もし満点が取れたら、ものすごい自信になる！ どれくらい本気になってやれば、目標が達成できるかがわかるんだ。

人間ってさ、人生のどこかで、自分の限界にチャレンジすることが必要なんだ。『俺ってすごいじゃん』と、驚くよ。すごい自分に自信が持てるようになるんだ。なあ、来週だけでいいから、本気で自分に挑戦してみないか？ 自分が変わるぜ！」

実は、私のこの発言には、自分の少年時代の実体験があったのです。中学校1年生の時、6つ年上の従兄と、すぐ近くの日本海に泳ぎに行きました。

従兄「隆博、ここから皆生温泉の端まで（2km）泳いでみよう」

山口「ええ~!?　あんな遠くまで泳げないよ」

従兄「沖の方ではなく、波打ち際3mくらいのところを岸に沿って泳いで行くんだ。俺がずっとすぐそばについて行くから、心配ない。人間って、一度は自分がどこまでやれるか、自分の限界に挑戦しておくことが必要なんだ。達成できたら、自分に自信が持てるようになり、いつか役に立つ時がくるんだ。もうだめだとなった時は、岸に戻ればいいから安心だ。やってみるか?」

従兄「あんな遠くまでは泳げないと思うけど……やってみる!」

従兄「よし、ついてこい!」

途中で、何度も「もうだめだ、岸に戻りたい」と思いました。体中の力が抜けて動けない時は、空を見上げて大の字になって浮遊して休みながら、何とか頑張って、到達地点までたどり着くことができました。

この時の、やり抜いた満足感、自信は、本当にその後の自分の人生の、いろいろな場面で役立ちました。この体験があったからこそ、自信を持って、魂の底から生徒に訴えることができたのです。

彼らのこれからの人生で、人間として、自分に自信を持つことが、いかに大切かを体験してもらいたかったからです。


さて、熱く語った1週間後、ドラマが起こりました。40人中、37人が単語テストで満点を取ったのです。

残り3人は前日欠席していたので、つまり、私の話を聞いた生徒の100％が満点を取ったのです。生徒たちの持つ力を確信した出来事でした。

この経験から、私は確信を得ました。宿題やテストをいくらやらせても、生徒の心に届かなければ効果は出ません。生徒の心が動けば、何かが起きるのです。

この日以降、平均点は10点以上となり、満点を取る生徒も10人前後に増えました。自分に自信が持てるようになり、自分にチャレンジすることに喜びを感じるようになったのだと思います。

教える側が本気で「君は本気でやればできる人間なんだ！」と、繰り返し、繰り返し、訴えることによって、どんな生徒でも変わっていくのです。

「中学英語基本文３９０」をマスターしたら世界が変わった！（米子西高校・永見祐季）

同じく米子西高校の2年生クラス「コミュニケーション英語」（40人）を担当している時の奇跡です。

新学期当初から、ある男子生徒の態度が気になっていました。授業の最初から最後まで、ずーっと両腕を机の上に載せ、そこに顔を伏せた状態で授業を受けていたのです。それが1学期間続いていました。

時々、起きるよう喚起はしましたが、またすぐに顔を伏せてしまいます。まあ、授業妨害するわけでもないし、他の生徒の邪魔になるわけでもないので、放っておきました。

1学期中間テストでは、当然のことながら、赤点でした。学校の規則で、赤点を取った生徒は、教科担任のところに行って指導を受けることになっていましたので、私のところにやってきた永見君に、授業中は起きて、授業に参加するよう指導しました。

しかし、その後も変わらず、同じ状態が続いていました。そこである日、授業後、彼の机のところに行き、話しかけたのです。

山口「なんで授業中、ずーっと伏せてるの?」

永見「英語がわからないから」

山口「いつ頃から英語がわからなくなったの?」

永見「中学に入ってから」

山口「小学校の時、英語教室などに行ってたの?」

永見「はい」

山口「その時は、英語がわかってたの？」

永見「楽しくて好きでした」

山口「中学に入ってから、なんで英語がわからなくなったの？」

永見「文法ばっかりで、それまでの英語とは違ってきたから、だんだん嫌いになってきたんです」

山口「そうかあ、中学からわからなくなってきたんだ。じゃあさ、中学からやり直してみる気ない？」

永見「やってみたいです」

山口「そっか、わかった。じゃあ、今日の放課後、校務室の俺のところにおいでよ」

放課後、半信半疑で待っていたところ、永見君はやってきました。

そして、プリントのページ左側に英文、右側に日本文が書いてある「中学英語基本文３９０」を見せ、「この３９０個の例文を完璧に覚えたら、英語がわかりすぎて困っちまうぜ。世界が変わるぞ。やってみるか?」と尋ねると、「やってみたいです!」と気合の入った返事が返ってきたのです。

山口「1週間に1回、火曜日の放課後に確認テストをしよう。1日に何個やるか、自分で決めてよ。1日に1個なら、1週間で7個。3個なら21個になるけど、何個にする?」

永見「1日1個、1週間で7個にします」

山口「じゃあ、来週の火曜日、右側の日本文だけ書いた紙を用意するから。その日本語を見て、英語を書くやり方でテストしよう。でもさ、確認しとくけど、これは強制じゃないからな。君がやりたくなくなったら、いつでもやめていいんだよ。君の意思でやる作業だからね」

永見「わかりました。やれるとこまで頑張ってみます!」

それから、毎週火曜の放課後、彼はやってきました。そして、数週間経過したあたりから、授業中の態度にも変化が表れました。机に顔を伏せることがなくなり、授業を聞くようになったのです。

しかし、1学期の期末テストも赤点。またしてもテスト後、規則に従って、教科担任の私のところにやってきました。しかし、私はこう言いました。

「中間、期末テストなんか気にすることないよ。それより、今の君にとっては、390例文を頑張って完璧にする方が大事だから」

1年が過ぎ、永見君は3年生に進級しました。私は3年生のクラスは担当しなくなっていましたが、毎週火曜日の放課後のテストは続きました。

そしてとうとう、2学期のはじめに、永見君は390例文を完璧に覚えたのです。毎時間机に伏せていた彼が、自分の意志で約1年間頑張って、目的を達成したのです。

この彼の頑張りは、3学年の先生方の間にもうわさとなって広がりました。先生方から感謝されるたびに、私は「頑張ったのは永見君です。彼を褒めてやってください。私は単にきっかけをつくっただけですから」と、言いました。

実はこの時、私は非常勤講師でした。つまり、十分に時間があったからできたことだったのです。正規の教師だったら超多忙で、毎週放課後に生徒に付き合う余裕はなかったでしょう。

やがて、受験の時期が近づいた3年生の秋。2年生の1学期には赤点だらけで、5段階評価の1や2ばかりだった永見君ですが、大学受験を目指すようになりました。1つの目標を達成し、自分に自信がついたのだと思います。

そして、京都にある京都橘大学にどうしても入りたいという希望を持ち、過去問にチャレンジするようになりました。私のところへも、相変わらず質問に来ていました。持ってくる過去問の問題は、なかなか高度な長文でした。

私が授業中に何度も繰り返していた言葉が彼の胸に刺さっていたのです。

「夢を持て！　あきらめなければ、夢は必ず叶う！　大人や先生は、夢なんか叶うわけないと言うかもしれない。でも、それは夢から逃げて、夢を叶えなかった人間の言葉なんだ。夢を叶えた人間は、みな『夢は逃げなければ叶う』と言うんだ」

一般受験で京都橘大学を受験した永見君でしたが、結果は不合格でした。しかし、彼はあきらめずに後期試験も受けました。残念ながら2回目も不合格でしたが、気持ちを奮い立たせて、その都度、私に結果を報告してくれました。

滑り止めに考えていた他の大学には合格していたので、4月からは、その大学に進学することになりました。最後に会った時、彼は「先生、俺、どうしても京都橘大学に行きたいので、違う大学に通いながら、1年間猛勉強して、また来年受験します」と言っていました。

そして10日ほどたったある日、永見君から電話があり「先生、京都橘大学に合格しました！」という報告を受けました。実は補欠合格だったものの、順番がきて、繰り上げ合格となったそうです。その時の彼の言葉は、今でも心に残っています。

「先生が、あきらめなければ夢は叶うって言ってたから、しつこく食らいついていったら、夢が叶いました。先生のおかげです。あの例文390個を完璧に覚えてから、先生が言っていたように世界が変わりました。ありがとうございました」

「あきらめなければ夢は叶う」を体現(米子西高校・細田拓海)

野球部のキャッチャーで、前向きで元気のいい細田君。私は彼が2年生の時、「コミュニケーション英語」を受け持っていました。英語は5段階でぎりぎり「3」という成績で、全教科でも、平均すると「3」程度でした。

私は当時、鳥取県の『日本海新聞』に月に1度、コラム記事を連載させてもらっていました。記事が出た日、彼はインスタグラムで、次のように投稿してくれました。

先生、今日の新聞読みました。クラスの中にも読んだ人は多数いました!!
いつも先生のお言葉聞いて元気をもらってます!

〝あきらめなければ夢は叶う。逃げるのはいつも自分〟という言葉がずーっと自分の心の奥底に残っています。

私は授業中、何かにかこつけて、しょっちゅう「夢は必ず叶うんだ、逃げなければ」と繰り返していたのですが、彼の心にしっかり届いていたようでした。
翌年、細田君は3年生になりました。私は3学年の英語は担当していませんでしたが、1学期が始まって早々に、インスタグラムから、次のようなメッセージが届きました。

夜分にすいません!! 先生にお聞きしたいことがあります! 最近学校でお会いできないのでインスタで聞かせてください!
英語力を上げるには、〝リスニング〟がいいと聞き、ここ数日シャドーイングをしているのですが、そのシャドーイングの際のアドバイスだったり、ジャック先生（注 著者のニックネーム）おすすめの英語の上達法があれば教えてください!! 突然ですがよろしくお願いします。

彼からの質問に対し、私は時間をかけて調べ、次のように答えました。

【英語力を上げる方法】

①基本的な英語例文を完璧に覚える

例えば、英語表現のテキストの後ろには基本例文がまとめてあるので、1年の時のテキストのそれをやる。何も考えず即言えるようになるまで、体の中にたたき込む。

②やさしい英語を大量に読む。辞書なしで

学校の図書室に行けば、入り口近くの棚に、薄い英語の冊子が並んでいる。表紙か裏表紙に、語数が、400語とか600語と書いた紙が貼ってある。中を見てみて、苦労せずに読めるレベルのものから始める。30分もかからずに1冊が読める。数ページの英文を一気に読破すれば、長文を読むコツが体得できる。

③ナチュラルスピードの英語を聞く

例えばYahoo!やGoogleで、「ナチュラルスピードの英語　リスニング練習」で検索してみる。たくさん検索結果が表示されるので、自分が気に入ったサイトを聞いてみる。

例えば、以下のものがやりやすいと思う。

・「ネイティブ英会話・リスニング＆スピーキング練習 ― 3段階スピードで英語に慣れよう」
・「英語の耳を作る！ リスニング訓練（日本語音声なしバージョン）」
・【初心者向け】海外ドラマ『フレンズ』で楽しく英語学習！ #1 英語字幕＆解説付き
・「Learn English Through Story : The Adventures of Tom Sawyer by Mark Twain (Level 1)」

※ナチュラルスピードの英語が聞けるようになるには、シャドーイングで真似《まね》して言えるようになる↓聞けるようになる↓速いスピードで英語が読めるようになる↓速読できるようになる

④英単語は、アルクの「ユメタン1」を徹底的に覚える

さあ、以上4項目を実践してみてください。模試で、得点アップ間違いなしです。はっきり言って、何でもいいんです。とにかく、これをやる、と決めて、死に物狂いでやることです。中途半端は、屁《へ》の突っ張りにもなりません。英語で夢を見るまでやってください。

細田君からは、すぐに返事がありました。

お忙しい中、わざわざ丁寧に教えてくださりありがとうございます!! 中途半端にならないように、〝やり抜く!〟ことを意識してNever give up spiritでコツコツと継続して英語に取り組みます!!

その後、彼とはあまり会う機会がなかったので、野球部の先生に尋ねました。「細

田君は大学受験をしますか？　どの辺を狙っているんですか？」と。

すると先生は「信じられないけれど、国立島根大学です。まあ、彼の成績ではどうせ無理でしょうけどね」と、おっしゃっていました。

　3年生は、2学期の中間考査以降は授業もなく、自宅で受験準備期間に入ります。そして12月に入ってすぐ、職員室で歓声が上がりました。細田君が、総合型選抜で島根大学に合格したという朗報でした。

　彼は、国立大学を目指す特進クラスにいたわけではありません。普通クラスで、成績も「3」くらい。細田君には申し訳ありませんが、まさか、その彼が国立大学に合格するなど、誰も予想だにしていませんでした。

　先生方は一様に驚いて、「信じられない！」、「あの細田君が国立に受かるなんて」、「あいつ、すごいことやってのけたなあ」といった言葉が飛び交っていました。

　そんな中でも、彼のことをよく知っている野球部の顧問の先生の言葉が、一番印象に残っています。

「野球で言えば、同点で9回裏。2アウト、2ストライク、3ボール。ラストバッターの細田が、場外ホームランを打ったようなもんですよ!」

「あきらめなければ夢は叶う」という言葉を信じ続けた細田君は、とうとう夢を実現したのです。

そして最後に細田君は、次のような言葉を残して卒業していきました。

先生には大変お世話になりました。なにしろ、チャレンジする勇気をいただきました。本当に感謝しています!!

動き始める勇気をもらう(米子西高校・今出朝子)

今出さんは〝善く〟生きようと努力した生徒です。最初に、彼女から届いた手紙(メール)をご覧ください。

(2019年7月に、イタリア年間留学から帰国し、他大学のAO試験に向け

て勉強をし始めた。11月にＡＯ試験に落ちてから、センター試験に向けて本格的に勉強を始め、神戸市外国語大学合格）

・難しく考えすぎないこと

過去問で英訳の問題がありました。変な解答を書きたくない、ちゃんと褒められる解答でなければいけないという気持ちが強く、はじめは、何も書かずにあきらめてしまっていました。

英作文の問題も同様に、難しい単語を使って書かなくてはいけないという考えに縛られて、なかなかうまく書けずにいました。

山口先生の授業を初めて受けたのは、2次試験対策を始めてからです。先生から100例文のプリントを渡されて「このプリントにある文を暗記すればいい」と言われた時は、正直そんなわけないと思いました。今までの先生とは違う何かを感じました。

（授業後に友達に、「今年から来た英語のちょっと変な先生知ってる？」と尋ねた

ことは内緒です)

しかし、先生の授業を受け、実際に英作文を書くうちに、変化を実感し始めました。今、自分が自信のある英語を使えばいいこと、難しい日本語のまま訳さないこと、正解は1つではないこと。

先生が授業で教えてくださったことを意識して過去問に取り組みました。もちろんすぐに習得できたわけではありませんが、先生の言葉は、書いてみようという気持ちを私の中に芽生えさせました。

先生の授業は難しく考えすぎて動けずにいた私を変えてくださいました。

先生からいただいた別のプリントの「合格英作文の秘訣」はノートの一番前に貼ってあります。それから私は、自主登校中も毎日のように登校し、先生に英作文を添削していただきました。

先生に出会っていなかったら、立ち止まったままだったかもしれません。

4カ月という受験勉強期間で、合格可能性が少なく、かなりチャレンジングだった神戸市外国語大学に受かったことは、奇跡だと思います。先生との出会いなしでは起こり得なかった奇跡です。

2次試験対策の時に使っていたあのピンクのノートを大学に入ってからもよく見返します。自分の頑張り、先生の添削の跡です。

このノートは、難しく考えすぎて動けなくなってしまう私に動き始める勇気をくれます。

今出さんは、思いっきりが良く、前向きで明るい性格です。なんといっても、彼女の〝善さ〟は、やると決めたら、あきらめないところです。

1月に1週間、3年生の受験対策のために、リーディングコース、ライティングコースなど、いくつかの短期集中特別講座が用意されていました。私はライティングコースを担当しました。

集まった生徒は13名。国立大学志望者が11名、神戸市外国語大学志望者が2名でした。彼女は神戸市外国語大学を志望していました。

ライティング、リーディング、英会話に役立つ「君を変える100例文」(左欄に英語、右欄に日本語を書いたプリント）を生徒に配りました。そして、この中から毎日20例文について、日本語を見て英語にする小テストを行うと伝えました。授業の最初の10分を使ってテストを実施し、5日目には、１００例文を何分で書けるか、チャレンジ大会をしました。

1位の生徒は、29分。今出さんは2位で、33分で書き終えました。しかも、全問正解でした。

これって、奇跡に近いことです。33分で１００例文を書くということは、1分で3例文を書くということですから。

日本文を全部読んでから書き始めたら50分以上かかるはずです。日本文の最初の2語ぐらいを見たらすぐ英文を書かないと、このタイムにはならないのです。集中力のある子だなあと、感心したものです。

特別講座が終わった後も、彼女は毎日、いろいろな大学の過去問を持って質問に来たので、添削していました。

たいていの生徒は、5つも添削すれば、それで満足するものです。しかし彼女の場合は、「また今日もこんなに添削するのか……いくつあるんだろう……」と不安を覚えるくらい、これでもか、というほどの英文を書いて持ってきました。

そんな毎日が3週間ほど続いたでしょうか。最後の方は、もうほとんど直すところがないレベルまで進化し、スムーズな、自然な英語が書けるようになったのです。

神戸市外国語大学の試験が終わり、確認のため、問題と自分の解答を持って学校へやってきました。英作問題では、模範解答より自然な英語が書けていました。「朝子さん、英作は満点。よく頑張ったね。きっと合格できるよ！　自信もっていいよ」と言ったことを覚えています。そして、見事に合格したのです。

英語弁論大会で優勝！（米子西高校・宮本麻衣）

2020年9月に行われた、鳥取県教委主催「鳥取県高校生英語弁論大会」（34名参加）で、私の英会話クラスの2年生、宮本麻衣さんが、なんと優勝しました。米子西高校からは何年間も優勝者が出てなかったので、まさに、快挙であります。

彼女のスピーチタイトルは、“The Ultimate Tragedy”。大坂なおみ選手がUS

オープンテニスでアピールし、世界中で話題となっていた、'Black Lives Matter'に関する内容を、身近なエピソードを織り込みながら、世界に向け、魂の叫びで訴えた、素晴らしいスピーチでした。

私の英会話クラスでは、これまで、キング牧師、ケネディ元大統領の就任演説、リンカーンのゲティスバーグの演説、スティーブ・ジョブズのスタンフォード大学卒業式の演説のレシテーションをはじめ、さまざまなテーマでのプレゼンテーションを取り上げました。テイラー・スウィフト(Taylor Swift)の"Shake it off"のラップ部分の物まね大会などもやりましたので、その成果が出たのかなとも思っています(詳しくは後述します)。

でも、この優勝は、彼女と一緒になってスピーチ原稿作成のお手伝いをされたALTの先生や、毎日放課後に直接個別指導されてきた吉田華子先生のご熱心な指導と、本人の負けず嫌いな姿勢の賜物なのです。

私がお手伝いしたのは、本番数日前の最後の一押しだけでした。聴衆に訴えるためのテクニック、ポーズの置き方、どこを力強く訴えるかなどをアドバイスしました。

「鳥取県高校生英語弁論大会」優勝の副賞として、ニュージーランド・クライストチャーチへ派遣されることになっていました。鳥取県も高校生に夢を与える、粋なことをやるものです。しかし、残念ながら、コロナ禍の真っただ中で、結局、行けませんでした。

彼女にはもう1つ、頑張りを見せたレシテーションコンテストがあります。それは、2021年3月に、東洋英和女学院大学が主催した「英語レシテーションコンテスト」に応募したことです。

コロナ禍のため、多くのレシテーションコンテストが実施されなかった影響で、例年は100名ほどの応募者のところが、その年は633名もの応募がありました。その中で約40名が1次審査を通過し、本審査へ進みます。もちろん宮本さんも1次審査を通過しました。

1次審査は、録音音声審査で、本審査は動画による審査でした。1次通過の連絡から本審査までの期間は、わずか10日間ほど。ビデオ撮りのため、暗記してから300回は練習したと思います。結果は、残念ながら3位入賞は叶いませんでした。

しかし、後になって届いたジャッジペーパーを見たところ、ほぼ満点でした。おそらく1点差くらいで、入賞を逃したのだと思います。

宮本さんは、英語が好きな頑張り屋さんです。彼女の頑張りは、他の生徒たちにやる気を起こさせ、大きな勇気と刺激を与えてくれました。

彼女の夢は、国際線のフライト・アテンダントになることです。早く英語の中で生活したいという希望で、親を説得し、日本の大学には進学せず、カナダの大学に留学し、夢に向かって奮闘中です。

夢のフライト・アテンダントに向けて（米子西高校・福地夏菜子）

宮本さんと同じく、高校1年の時からフライト・アテンダントになるという夢を持っていたのが、福地さんです。英語が大好きで、発音も優れており、成績も申し分ありませんでした。

高校1年生で英検準2級に合格。2年生で2級、3年生2学期には準1級合格と、ぐんぐん伸びていきました。

私のクラスでは、生徒が活躍する授業を、大学でやっていた授業スタイルを導入して行っていました。その効果もあり、さらに英語のリスニング力やスピーキング力がついたようです。彼女自身でも、家でいろいろな問題にチャレンジするようになっていました。

3年生になると、全国統一模試やGTEC模試で、毎回学年1位を取るようになりました。フライト・アテンダントの就職率ランキングでは、毎年トップの関西外国語大学の指定校推薦枠1人に選ばれ、早々に進学先が決まりました。

そんな彼女ですが、実は、部活のハンドボール部で、大変つらい思いをしていたのです。私は当時このことを知りませんでしたが、後になってから、彼女は、スポーツでも奇跡を起こしていたことを知りました。

福地さんから受け取った言葉を紹介しましょう。

私は、先生の「あきらめなければ夢は叶う」という言葉がすごく心に残っています。高校生時代、部活であまり自分が納得するプレーができず、なかなか試合に出られない時期がありました。なんのために毎日部活に行ってるのかわからなくなったり、辞めたいなって思うこともありました。

でも、スポーツは自分が何よりも好きなことだし、負けず嫌いの私は、自分で自分を研究し、たくさん練習して、あきらめなかった結果、徐々に試合に出れるようになり、たくさん点を決められるようになりました。

最後には「優秀選手」に選ばれ、表彰されました。あの時あきらめなくてよかった、辞めなくてよかったと、心の底から思いました。

先生のおっしゃった、「夢はあきらめなければ叶う」という言葉は本当なんだ、と実感しました。

次は、大学でしっかり勉強し、フライト・アテンダントになるという夢を叶えるために、何事もあきらめず取り組みたいと思います。そしていつか、私が働いている飛行機で先生をおもてなしできたら嬉しいです。

「ジョン・ニッセル杯」に3位入賞！（米子東高校・磯貝咲文《さあや》）

2021年9月、「鳥取県高校生英語弁論大会」で米子東高校の磯貝さんが優勝を手にしました。私は彼女の学年の授業は受け持っていなかったので、スピーチ原稿作りやプレゼン練習は、ALTの先生や他の英語の先生の協力を得て準備してきていました。

私は大会の数日前に彼女のスピーチを聞き、自分の伝えたいことを聴衆にどう訴えるかの、最終段階でのアドバイスを行いました。

彼女には鳥取県で1位に甘んずることなく、全国で1位を目指してほしかったので、高校レベルでは日本で一番難関と言われる、上智大学主催「ジョン・ニッセル杯」にチャレンジすることを勧めました。

その後、私は2022年3月に鳥取県立高校の講師を終了し、神奈川の自宅に戻っていました。その年の10月のことです。磯貝さんが「ジョン・ニッセル杯」の1次審査に合格し、11月の上智大学四谷キャンパスで行われる本選に出場することを知らされました。

全国から応募した264人の中から、1次審査を通過した20名に入っていたのです。このレベルの高いコンテストで1次審査を通過するだけでも、すごいことなのです。

11月19日のコンテストの前日、彼女は、飛行機ではなく、夜行列車で12時間かけて、夕刻に東京入りしました。しかも、親御さんと一緒ではなく、1人で。「1人で来ており、先程ホテルに入りました、お茶の水で1泊します。いい姿が見せられるよう、本気で戦ってきます！」というメールが届いた時は、なんと勇気のある生徒なんだ、と思ったものです。

私は癌《がん》の手術を受けて間もない時だったため、コンテスト当日に四谷キャンパスまで応援に行けませんでした。そこで彼女に電話し、スピーチ後の審査員からのQAも審査の対象になることや、いかに自分の思いを相手の心に伝えるかなどの、最後の一押しのアドバイスを伝えました。

磯貝さんは本選後、その日のうちに、また夜行列車で米子に戻りました。なかなか結果報告が届かなかったので、やきもきしていたところ、ひょんなことで結果を知ることになります。

「ジョン・ニッセル杯」を見に行かれていた方が、Facebookにコンテスト終了後の参加者の集合写真をアップされていたのです。その写真の前列左から3番目に、紺色の、米子東高校のセーラー服を着た女子生徒が、額に入った賞状を持って座っているではありませんか。

「入賞できたんだ!」と感激しました。そして翌朝、とんぼがえりで米子駅に戻った彼女から、「報告が遅くなってしまい、すみません。3位に入賞しました!」とメールが届きました。

日本で一番レベルの高い英語スピーチコンテストに夜行列車で乗り込んで、見事3位入賞を果たすとは、奇跡に値する結果だと思います。

ちなみに、「ジョン・ニッセル杯」をご存じない方もいらっしゃると思いますので、簡単にご紹介しておきましょう。

他のあらゆる英語スピーチコンテストは、国内の高校生限定が一般的です。しかし、「ジョン・ニッセル杯」のすごいところは、帰国子女やインターナショナルスクールの生徒など、参加者の国籍を問わないのです。

スピーチ後の審査員からの質疑応答で、いかに論理的に具体例を挙げ、自分の思いを伝えられるかも、採点に含まれます。

さらに、入賞者には学費免除があるのです。上位6位までの入賞者が、将来現役で上智大学に進学した場合、本人の申請に基づき修業年限（4年）の授業料を順位に応じて減額するものです。1位であれば、授業料相当を免除。2位、3位は、授業料半額相当を免除。そして、4位から6位は、授業料の3分の1が減額されます。

ジョン・ニッセル杯は、英語力はもちろん、説得力や独自性などにおいて、大変ハイレベルな戦いです。言語そのものより、そこで語られているメッセージを重視していると、上智大学言語教育研究センターの藤田保センター長も語っています。[2]

さて、さらに、磯貝さんの快挙は続きます。2022年12月に彼女から届いたメールを紹介しましょう。

---

2 『AERA』（2022年7月11日号）インタビューより

私は以前から秋田の国際教養大学を志望していまして、先ほど特別選抜入試の合格通知が届きました。試験の英語面接や英語小論文では、ジョン・ニッセル杯での経験が大いに役立ちました。改めて、この大会を勧めていただき、ありがとうございました。

秋田にある国際教養大学は、中嶋嶺雄氏が初代学長を務められた大学です。海外からの留学生も多く、授業はすべて英語です。今をときめく大手企業から引く手あまたの、就職率の高い大学です。この大学に合格できたことも、快挙といえましょう。

こうした挑戦は、彼女が自ら〝善く〟生きようとしていることの証明でもあり、もし、私が彼女に〝善い〟働きかけができたのであれば、教師としてこの上ない喜びです。

最後に、私が磯貝さんに与えた影響について、彼女が教えてくれたエピソードも紹介させてください。

まず、高校2年次に出場した鳥取県英語弁論大会では、スピーチの練習の際にさまざまなことを指導していただきました。ジェスチャーや抑揚など、テクニカルなこともたくさん教えていただきましたが、なにより印象に残っているのは「堂々と自信もって」発表するようにと言っていただいたことです。

本番で最高のパフォーマンスができたのは、そのおかげだと思っています。また、このとき、上智大学のジョン・ニッセル杯を紹介していただきました。さらに高みを目指すようにと背中を押していただいたこと、本当に感謝しています。

一次審査を通過した際には、先生の「よく一次通過しました。ここまで来たら、1位を取ってやりましょう!」という言葉が、気持ちを強く持つことの大切さを思い出させてくれました。

発表の準備をしている期間にも、会場の様子や過去の情報などを知らせてくださり、緊張が和らぎました。大会前日は、電話をかけてくださり、「自信を持って、思いっきり、暴れてください。頑張れ、さあや!」と激励の言葉を送ってくださいました。

初めて来る場所で、1人で宿泊しており、緊張と疲れに苛まれていた中、先生の言葉に勇気をもらいました。さらに、大学進学の際にも、応援していただきました。

私が選んだ大学はあまり地元では知られておらず、前例もなく、進学にあたってたくさん悩み、迷いました。その際にも、先生が「素晴らしい大学だ」と後押ししてくださり、そして知り合いの方々から情報を集めてくださり、大きな励みになりました。

合格後には、「死ぬこと以外かすり傷。今に見てろ、と笑ってやれ」、「夢は、叶う！夢から逃げなければ」という言葉を送っていただきました。今でもつらいときの心の支えになっています。

夢を仕事に（産業能率大学・鈴木青《じょう》）

ここまで、高校生の事例を取り上げてきました。ここで1つ、大学生の事例をご紹介しましょう。

鈴木君は小さなことでもあきらめず、夢を仕事にしました。彼からのメールをご覧ください。

現在私は、フィットネスインストラクター&トレーナーとして働いております。

山口先生の授業は、英語の学びはもちろん、人生においての学びもできた、熱い授業だったことを今でも覚えております。特に、テイラー・スウィフトの〝Shake it off〟のラップを覚えて発表したのが楽しかった思い出です。

私の人生の奇跡は、自分が本当に大好きで夢中になれるものに出会えたことです。

それはトレーニングです。

大学2年生からトレーニングに本気で取り組むようになり、これまでにボディコンテストも2回出場することができました。

今でもトレーニングは続けていて、習慣化しております。私にとってトレーニングは、身体を鍛える目的だけでなく、精神の安定、日常生活の質の向上、人生をより豊かにする手段となっております。

誰しも夢中になることはあるけれど、必ずしもそれに出会えることはないと思います。

当たり前のことを、全力で夢中に取り組めている現状そのものが、今の私そのものです。

山口先生が授業で伝えてくださった、「小さなことでもあきらめない」がもたらしてくれた賜物です。

単純なことでも、幸せは訪れるのだと、この機会に改めて考えました。

合格は難しいと言われた関西大学に合格（米子西高校・三鴨昂将《こうすけ》）

そして本章の最後に、あきらめずに志望大学の合格を勝ち取った三鴨君からの手紙（メール）をご紹介しましょう。

山口先生はとてもエネルギーに満ち溢れた先生で、自分の価値観形成にかなりの影響を与えていただきました。

初めて見かけたのは、高校3年生の体育館での全校集会の時で、新任教員の紹介の時でした。

東京の大学を退官されて、地元に戻ってこられたということで、マイクなしの大きな声で、英語で自己紹介をされていたことが記憶に残っています。その後すぐの最初の英会話の授業で山口先生が担当でした。

今までの他の先生は、人柄こそ良かったですが、話が単調であり、面白いといえど、あくまで授業内容に起因するものが占めていたと思います。しかし、山口先生は民間上がりの豊富な経験と知識で、自分のことを「ジャック」と呼ばせ、またたくまにジャックワールドに引き込まれてしまいました。

そんなジャック先生は、授業も他の先生とは違い、アクティブなもので、お互いに喋《しゃべ》ったり、実際にブランドのロゴマークを並べて擬似的な買い物空間を作ったりと、非常に授業に興味を持ちやすく、かつ覚えやすい授業を行われていました。

先生はよく、「あきらめなければ、夢は必ず叶います」とおっしゃっていました。私は、高3になったばかりで、受験に対する不安を抱いていました。どうせ自分なんか何をやっても他の人には及ばないと考え、何に対してもやる気を失っていました。

しかし先生は、人生をとても楽しそうに生きておられて、出身校の慶大へのあふれる愛校心や、自分の好きなことを職にしてこんな素晴らしい毎日だったということを聞き、徐々に心が変わっていきました。

特に印象的だったのは、「お前に慶大は無理だ」（記憶が曖昧ですが）と言われて、反骨精神で夜汽車に乗って上京し、浪人を経て見事合格されたということです。「あきらめなければ夢は必ず叶う」という言葉を、これほどの説得力で言える人がいるのかということで、とても感動した記憶があります。

自分は「どうせならやってやろう」と思い、合格には程遠かった関西大学を受けることにしました。苦しい時も、ジャック先生の言葉を思い出しながら自分を鼓舞し、奇跡的に関西大学と地元の国公立大学の両方に合格することができました。

大学に入ってからも、今後の進路について悩みました。

専攻している防災学をもっと深く勉強するために大学院に行きたいけれど、就職して家にお金を入れたいという気持ちも強く、とても悩んでいました。自分にはもともと、首長になって防災行政を行いたいという夢があり、仮に就職すると、この夢はとても中途半端なものになります。

そんな折、ジャック先生の言葉を思い出し、大学院に進むと決めました。自分の人生は自分が主役ですから、悔いのないように生きたいと思います。まだ3回生なので受験はしばらく先ですが、もう一度頑張ろうと思います。

先生の言葉は、「自分の人生を自分のもの」にさせる力があると確信しています。先生は間違いなく恩師と呼ぶに相応しい先生です。

コラム② ジャーナル・ライティング（Journal Writing）

私は生徒たちに、1年間、毎日最低1行以上の英文日記“My English Story”を書くように伝えてきました。書く分量はそれぞれの生徒に任せて、とにかく1年間、英語日記を書き続ける指導をしてきました。

毎週月曜日に、毎日書いているかどうかだけのチェックをしていました。学期に2回くらいは、しっかりと添削し、私が添削したものをALTの先生にチェックしてもらい、時々みんなの前でプレゼン発表もしてもらいます。

自分が書いた英語は忘れません。話すための原稿作りの目的でもあります。英作文に挑戦し、続ける秘訣は、次の4つです。

①今自分が使える英語で勝負する

ポイントは日本語を英訳せず、自分が使えるレベルの英語で「意味を伝える」ことを心がけることです。

②幼稚園生にもわかるような「やさしい日本語」を英語にする

そもそもの、日本語のレベルを下げるのです。例えば、「……ではあるけれども」

(although)は、「でも」(but)で十分。難しい英語構文は不要です。

③文法的に間違いのない文を書く

100%でなくても構いません。スペリングに自信のない単語は使わない、自信のない慣用句は使わない(減点ゼロの英文を書く)。

④正解は1つではない

英語にはいろいろな表現の仕方があります。伝えたいことは何か、ポイントを絞ります。今、自分が使える、間違いのない英語で表現することが大切です。

書くことに慣れてきた生徒には、週に1度は自分でテーマを決めてパラグラフ・ライティング(Paragraph Writing)で書くことを勧めています。

3学期の期末考査ではインタビューテストを行いました。各自のジャーナルの中から「自分にとって最も印象に残った出来事」を提出してもらい、それに関して質問し、答えてもらう形式をとっていました。

生徒たちが作成したジャーナル

ジャーナルの内容

第3章

生徒の心をときめかせる授業の「技」

私が奉職していた教育機関（学校）には、当然ではありますが校長先生がおり、私を含め、教師がいました。

教育制度が変わろうが変わるまいが、結局、最終的に改革を実現するのは、学校現場の実践力なのです。

「校長力」で学校が変わる！

「教師力」（指導力）で授業、教育内容が変わる！

私の授業の〝技〟を披露いたしましょう。

1. 授業は生き物だ

私の授業のやり方は大学から

大学で教えるようになってから、私の授業のやり方は、それまでと比べてガラリと変わりました。

高校までは、学習指導要領に基づいたカリキュラムに沿って、決められた教科書を使い、1学年を数人の教師で担当します。中間・期末考査の試験範囲及び試験問題を統一し、テストの点数に基づき学年全体で5段階（または10段階）評価を決めるという縛りがあります。

しかし、大学は、こうしたすべての束縛から解放された、自由な世界です。

高校では40人クラスだったのが、大学の語学の授業では20人クラスが基本。語学教育に適した生徒数となっています。

そして、高校では大学入試対策の学習が中心でしたが、大学では、入試など、もう関係ありません。卒業後、社会に出てから使える英語力の養成が目的となります。

授業で使うテキストも、教員が自分で自由に決められます。そして、前期・後期（または通年）で評価を出します。

評価の出し方も、大学で決めた基本的な相対評価の5段階のパーセント表はありますが、おおむね担当者の裁量に任せられています。

ちなみに、私が教鞭をとった大学は、産業能率大学、東洋英和女学院大学、田園調布学園大学の、3つの大学です。

小学校英語活動から受けた影響

もう1つ、私の授業のやり方に影響を与えた活動があります。それは、小学校英語活動です。

私は、NPO小学校英語指導者認定協議会（J－SHINE）の2003年の設立当時から関わってきました。小学校英語が教科化されるまでの17年間、民間人英語指導者養成なども行いました。約30校の小学校を訪問し、学校現場での英語活動のワークショップを見学し、研究授業後のコメントを述べる講師もやりました。当時の文科省の学習指導要領の外国語活動の目標は、「外国語を通じて、（中略）コミュニケーション能力の素地を養う」でした。そのため、ワークショップでは、ベテランのJ－SHINE資格者が、担任の先生とのチーム・ティーチングで、ゲームや英語を使った体験活動を行っていました。

これがまさに、子どもたちが主体のアクティブ・ラーニングだったのです。

子どもたちの英語でコミュニケーションをする時の、楽しそうな、生き生きとした動き、笑顔が忘れられません。自分の名前を聞かれて、名前を答えただけで、「グッ・ジョブ」と褒められるのですから。

当時、短歌の時間に作られた小学校の生徒の作品に、私は心を打たれました。

英会話　先生上手で　驚いた　私は　とっても　あこがれた

子どもたちはＡＬＴの先生よりも、身近な日本人で英語の上手な先生にあこがれるのですね。

小学校英語活動に、コミュニケーション英語教育の原点があったのです。それ以後、大学・高校での授業にも大きな影響を与えることとなりました。

31年ぶりにまた高校で教える

２０１９年４月、大学が定年となり、また、母の介護もあったため、単身で鳥取県米子市の実家に帰りました。運よく、地元の県立米子西高校で英語講師の仕事が見つかったのです。まさか、31年ぶりにまた高校教師になるとは思いませんでした。

初年度は、常勤講師を務めました。しかし、週17コマの授業のほか、部活顧問、校務分掌の教務の仕事、種々の会議など、正規の教員と全く同じ業務をこなさなければならない状況に、「母の前に自分が先に倒れる」と思い、次年度からは非常勤講師に変えてもらいました。

２年度目は、「英語コミュニケーション」と、選択クラスの「英会話」を担当させてもらいました。

高校は、授業を含めた学校体制が31年前とほとんど変わっていませんでした。「英語コミュニケーション」クラスは羽交い締め状態で、思うような授業はできませんでした。一方、「英会話」クラスは、私1人の担当で、生徒数は20人以内でしたので、自由な言語活動ができました。

3年度目は、2年の選択クラス「英会話」と3年の選択クラス「英語発展」（受験対策問題集）を担当しました。そして、1コマのみ、母校の県立米子東高校3年の「私立文系英語」選択クラスを担当することになったのです。

文科省が「アクティブ・ラーニング」という新語を打ち出す前から、私は、すでに大学で、「学生が主体となって活躍する言語活動」を実践していたという自負があります。

2年目・3年目に担当した、米子西高の「英会話」選択クラス（17名）と米子東高の「私立文系英語」選択クラス（9名）では、大学でやってきた授業と、ほぼ同じ授業を行いました。

「英会話」クラスと「私立文系英語」クラスでは、学習指導要領の目標となっている「英語の5つの領域」――「聞くこと」、「読むこと」、「話すこと（やり取り）」、「話すこと（発表）」、「書くこと」の言語活動や、これらを結びつけた統合的な言語活動――を実践しました。

特に、授業改善に焦点を当て、「主体的・対話的で深い学び」の実現のため、すでに大学で実践してきた授業形態を踏襲しました。具体的には、レシテーション、プレゼンテーション、ペアワーク、ディスカッション、リーディング、リスニング、ディベート、オリジナル寸劇（スキット）などを取り入れたのです。

両クラスの生徒たちに、「君たちには、1～2年早く大学の授業をやってあげるからね！」と宣言したところ、生徒たちの輝く目をひしひしと感じ取りました。

特に、米子西高の「英会話」クラスの生徒たちには、授業の最初の時間に、次のように伝えたものです。

私の授業は、単なる「英会話」の授業ではありません。その代わり、教科書も利用するけど、いろいろな教材やプリントを使って、君たちの英語の、総合力を伸ばすため、「スピーキング」、「ライティング」、「リスニング」、「リーディング」の4

技能を絡めた活動をやります。英語が楽しくて、楽しくて、しょうがなくなります。期待してください！

生徒の心をときめかせる

授業の核心は、自ら学びたくなるように、生徒の心をときめかせることです。下図に、そのフローを示します。

学びとは自分でやるものであり、一生続くものです。学校の授業は子どもたちが「学び方」を「体験的に学ぶ」場だと思っています。

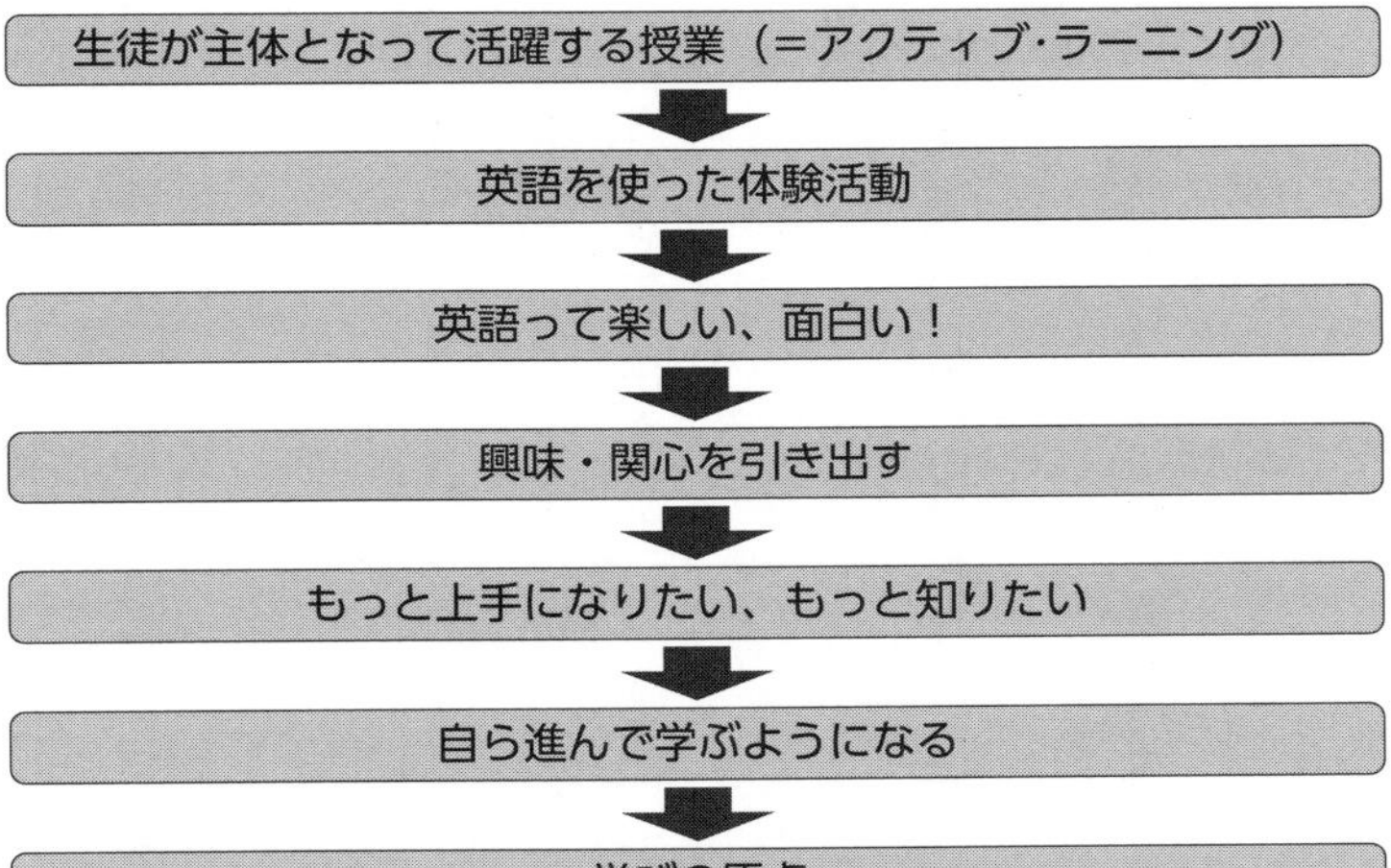
生徒が主体となって活躍する授業（＝アクティブ・ラーニング）
英語を使った体験活動
英語って楽しい、面白い！
興味・関心を引き出す
もっと上手になりたい、もっと知りたい
自ら進んで学ぶようになる
学びの原点
生徒の心をときめかせるフロー

ですから、学生や生徒には、「学校の授業は、君たちに〝学び方〟をアドバイスする場であり、学校の授業だけで力がつくわけではない。本当の学びは、自分でやることなんだ」と言ってきました。

授業は、教師も生徒もわくわく、ゾクゾクするものでなければなりません。あくまでも主役は生徒で、教師はプロデューサー役です。

以下に2つ、〝善い〟教育指導（授業）を行う極意をお伝えしましょう。

①教師の瞬時の「ひらめき」で授業が変わる

教師は、生徒の顔や反応を見て、「今、これをしたら、生徒の目が輝くに違いない」という〝ひらめき〟を感じることがあります。

そのときは、即、レッスン・プランを変えてしまいましょう。その場の雰囲気、ノリ、流れがあるからです。これまでの経験でこれは正しいと確信しています。

授業は生き物です。生徒が乗ってくると、こちらも乗せられ、次々と新しい活動が展開していくのです。生徒と一緒になって楽しみ、面白がり、授業をつくり上げるのです。

②魅力ある「状況設定」で生徒が本気になる

単調な授業は、大人だってつまらないもの。単なる活動ではなく、生徒たちが実際に体験できそうな、また、できればそんな体験がしてみたくなるような、わくわくする状況を設定してみてください。それが単調な授業への決別です。また、教師がその環境づくりのお手伝いをすることも大切です。

ここで挙げた2点に基づいた実践を、ご紹介していきます。これらをヒントに、先生方には、ぜひ、素晴らしいアイディアを出していただきたいと思います。生徒も教師もわくわくゾクゾクし、感動できる授業を展開していただければ、幸いです。先生が100人いたら、100の教授法があっていいのです。目標は、自分オリジナルの教授法を見つけ出すことです。

2. ひと味違う自己紹介・他己紹介

自己紹介「私を見て！ This is Me.」

ここからは、これまでに私が行ってきた授業の事例をご紹介しましょう。大学で実践してきた授業の高校版です。そして、大学の時よりもさらに進化し続けています。新学期になり、新たなクラスメートと席を並べたら、自己紹介を行うのが一般的ですよね。私の英語のクラスでも、自己紹介を取り入れていました。

最初は〝ありきたり〟な自己紹介（名前、住んでいるところ、家族構成、所属クラブ、趣味、週末の過ごし方など）を行います。次に、発展版として「私を見て！ This is Me.」というテーマで、プレゼンコンテストを実施するのです。

プレゼン内容は、「私はここが他の人とは違う」という、自分の人間的な魅力を語るものです。具体的な体験、エピソードなどを含めて自己アピールを行います。ライティングでパラグラフ・ライティングを練習していたので、原稿はパラグラフで書き、プレゼンしようということにしました。

まずはプレゼンの前に、私が英語をチェックします。その際に心がけたのは、できるだけ本人の英語を生かすこと。文法の直し、意味が伝わりにくい表現の修正などは、最低限にとどめることです。

やってみて、驚きました。みんな、素晴らしいのです。

生徒1人ひとりが、人間的な魅力や得意技を具体例やエピソードを交えて、プレゼンしてくれました。ふだんの授業では決してわからないことばかりです。これは今後、将来、どこかで必ず役に立つ自己アピールだと感心しました。

また、クラスメート同士、このプレゼンをきっかけに互いに驚きと関心を持つようになれば、今まで以上に深い人間関係が生まれるでしょう。単なる英語の自己紹介を超えた、お互いの人間的な魅力を理解し合うチャンスにもなります。

ちなみに、プレゼンテーマである「私を見て！ This is Me.」というのは、AKB48の「恋するフォーチュンクッキー」の歌詞の一部と、映画「グレイテスト・ショーマン」の挿入歌「This is Me」を合わせたものです。身近でトレンディーなものを取り入れると、生徒も興味を持って取り組んでくれます。

他己紹介――いかに相手の魅力を引き出せるか

自分のことを紹介するのが自己紹介なら、2人1組でペアになり、互いに相手のことを紹介するのが他己紹介です。

前項「自己紹介」を踏まえ、単なる他己紹介ではなく、興味のわくような状況設定をすることで、生徒も強い興味・関心を持って食らいついてくることがわかりました。そこで私が考えたのは、次のような状況設定です。

まず、ペアの片方を「デビュー前の新人アーティスト」、もう片方を「ライター」とします。ライターが新人アーティストにインタビューを行い、その記事をファッション雑誌で大きく扱う、という設定です。

雑誌社から依頼された編集プロダクションのライター役は、いかにこの新人アーティストの魅力を引き出し、記事にして、多くのファンを獲得できるかが、腕の見せどころです。聞き出す力、質問力が鍵となります。

生徒同士の英会話は、得てしてすぐに終わってしまいがちです。会話のキャッチボールを続けるコツは、5W1Hの疑問詞を使った質問をぶつけ合うこと、すなわち「5W1Hインタビュー」です。特に、Why? とBecause のやり取りは、論理的思考の育成に効果的です。

ライター役がインタビューする時には、「5W1Hインタビュー」をベースにしながら問いかけます。そして、新人アーティスト役は、自己紹介「私を見て! This is Me.」で書いた内容を活用します。

まずは、インタビューで書き留めたメモ書きをまとめ、英文にして書き記します。そして、その英語の紹介文をみんなの前で発表するのです。

さらにそれだけで終わらせず、小冊子にして発行しましょう。努力したものが形に残せるので、生徒はやりがいを実感できます。

実際に、県立米子西高校では、「BEISEI JOURNAL」、米子東高校では、「HAKUYO JOURNAL」という他己紹介冊子を作成し、配布しました。フルカラー印刷で、全10ページ程度に仕上がった冊子を見た生徒たちは、一様に「すげー!」、「本物の雑誌みたい！」と感動してくれました。青春の記録となったことでしょう。

なお、小冊子にすることを見込んで、他己紹介文の文字数を指定しておくと、作業がスムーズに進みます。あらかじめパワーポイントなどでレイアウトを作成しておくと、簡単です。

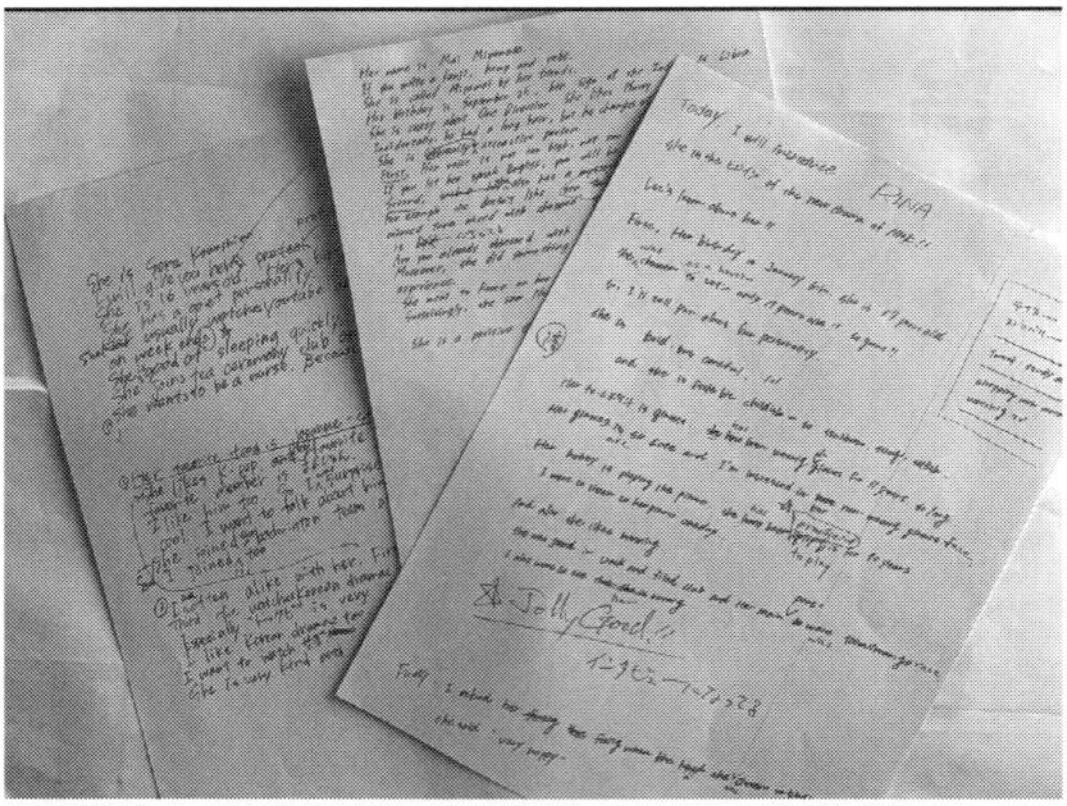

生徒が作成した他己紹介文

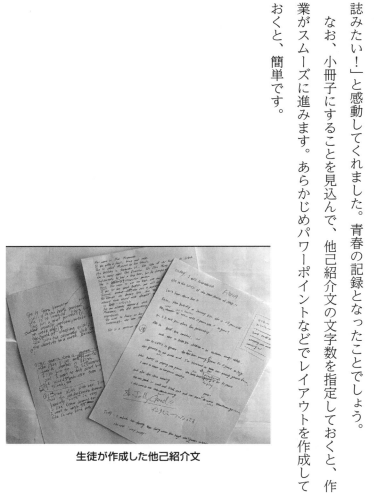

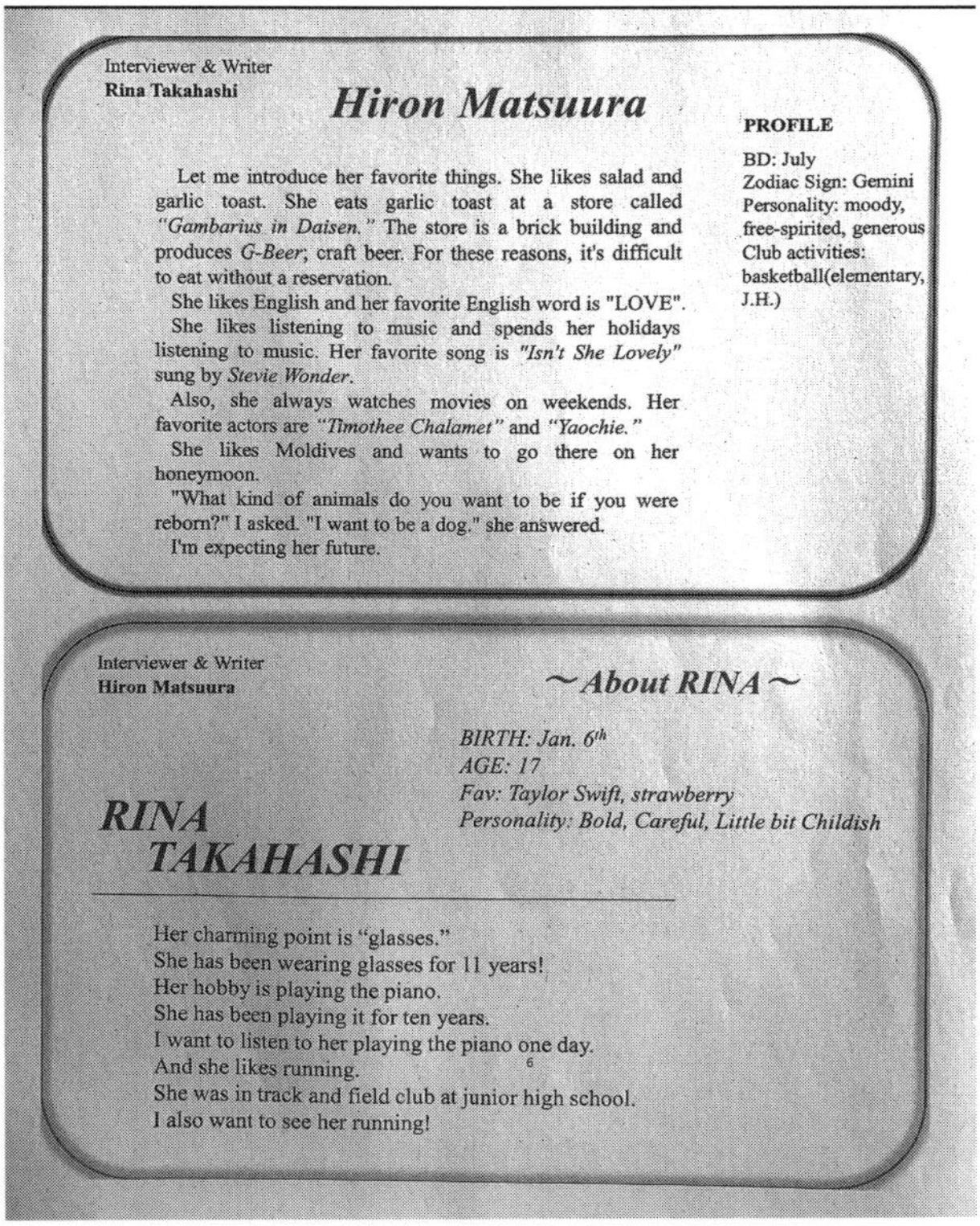

Interviewer & Writer
Rina Takahashi

Hiron Matsuura

PROFILE

BD: July
Zodiac Sign: Gemini
Personality: moody, free-spirited, generous
Club activities: basketball(elementary, J.H.)

Let me introduce her favorite things. She likes salad and garlic toast. She eats garlic toast at a store called *"Gambarius in Daisen."* The store is a brick building and produces *G-Beer*; craft beer. For these reasons, it's difficult to eat without a reservation.

She likes English and her favorite English word is "LOVE".

She likes listening to music and spends her holidays listening to music. Her favorite song is *"Isn't She Lovely"* sung by *Stevie Wonder*.

Also, she always watches movies on weekends. Her favorite actors are *"Timothee Chalamet"* and *"Yaochie."*

She likes Moldives and wants to go there on her honeymoon.

"What kind of animals do you want to be if you were reborn?" I asked. "I want to be a dog." she answered.

I'm expecting her future.

Interviewer & Writer
Hiron Matsuura

～About RINA～

BIRTH: Jan. 6th
AGE: 17
Fav: Taylor Swift, strawberry
Personality: Bold, Careful, Little bit Childish

RINA TAKAHASHI

Her charming point is "glasses."
She has been wearing glasses for 11 years!
Her hobby is playing the piano.
She has been playing it for ten years.
I want to listen to her playing the piano one day.
And she likes running.
She was in track and field club at junior high school.
I also want to see her running!

6

小冊子にまとめた他己紹介

3．スキットは本格的に

オリジナル会話スキット（寸劇）

一般的な授業では、まず、教科書の会話をＣＤで聞き、リピート練習し、教科書で指示されている問題や活動をし、ペア練習を行います。通常の授業では、その課の授業はそれで終わり、次の課へと移ります。

ところが、これで終わらないのが私の「技」です。ここで学んだ会話表現を、実際に使えるように発展させる活動が重要です。

例えば、それぞれのペアで、自分たちだけで考えた「オリジナル英会話」を作ってもらうのです。

ここでポイントになるのが、状況設定。例えば、２人は人気上昇中の俳優。テレビ局で来春スタートする新ドラマに出演予定です。

新ドラマ「夢をつかめ」は、アメリカ留学中の日本人高校生が夢をつかむストーリー（※ドラマのタイトルや内容は生徒たちに考えてもらいます）。

今は、ＮＹマンハッタンのブランドショップで２人が買い物をするシーン。撮影場所は、テレビ局のスタジオの１室という想定にします。

こうした設定下で、ペアには自分たち独自の英会話を作ってもらいます。でき上がったら、私が簡単な英語チェックを行います。

そしてペアは作成したオリジナル英会話を暗唱し、実際にショッピングをしているように、スキットを練習します。そして最後に、教室スタジオで、実際のショッピング・シーンとして演じてもらいます。

もちろん、設定に合わせて環境もセッティングします。教室の前方３列目までをスタジオスペースにして、ホワイトボードに、ブランドショップでよく見られるファッションショーの映像を投影。

ハンガー、ハンガースタンド、洋服を陳列するデスク、フィッティング・ルーム（窓際のカーテン部分を利用）、入り口には、教卓を使ったキャッシングカウンターを置き、ブランドロゴをプリントアウトして、あちこちに貼ります。

さらに「テレビ局のスタジオ撮影」という設定ですから、プロデューサー役、アシスタント・ディレクター（ＡＤ）役を、別のペアが輪番で担当します。

ディレクター役がメガホンを構えて「本番よーい」と言い、「アクション」をＡＤ役がカチンコで音を出して知らせます。さあ、これで撮影開始。カメラマン役は教師

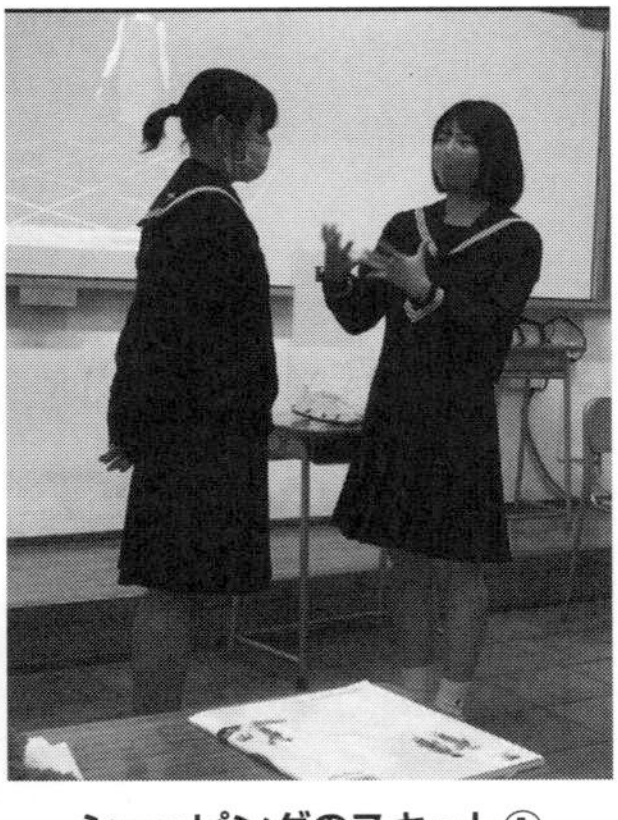

ショッピングのスキット①

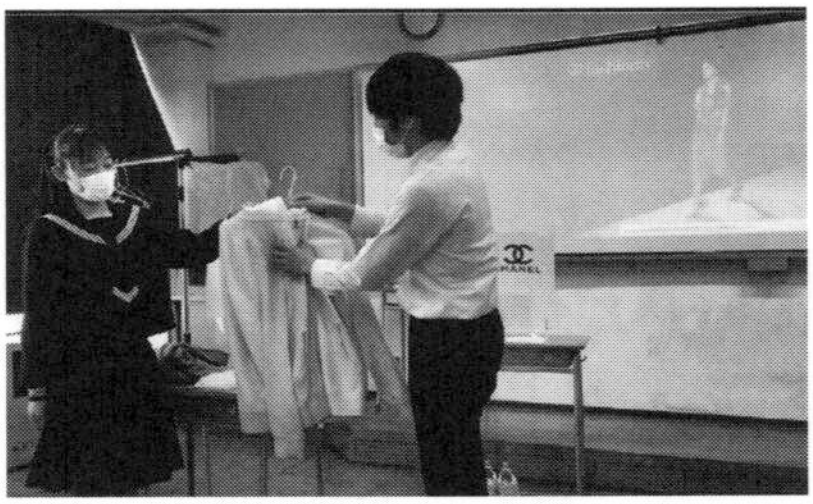

ショッピングのスキット②

カチンコとメガホンも使用

が担当し、スマホを使って撮影します。

ここまで徹底して準備すれば、生徒は本気になります。

また、実際にやってみて、生徒からの発案で新たなアレンジがなされたケース、生徒の自信につながったケースなどもあるので、いくつか事例を紹介しましょう。

相手を変えて、アドリブで

すべてのペアのスキットが終了した後、1人の生徒が言いました。

「相手を変えて、アドリブでやれば、もっと面白いかも」


するとその発言に、「いいね、即、やろう！」と、多くの生徒が賛同しました。

この発言は、全く予想をしていませんでした。

生徒たちもマンハッタンのブランドショップに行った気になり、本場での、生のショッピングを自分の英語で体験したいという、さらなる欲望が出てきたのかもしれません。

活動後、ある生徒が「これでもう、世界中どこでも英語でショッピングできる自信がついたよ」と言っていたことを、よく覚えています。


「とうとうやった！」


英語力が少し不足しており、それまでのレシテーションやプレゼンではうまくできなかった運動部の男子生徒がいました。

しかし今回は、自分たちで作った、最後のオチで決まるオリジナル英会話を完璧に覚え、演技しました。すると、クラスのみんなが大爆笑！

スキットが終わって客席に戻る時、彼は大きくジャンプし、右手のこぶしを大きく振り下ろしながら、こう、叫んだのです。

「やった!! とうとうやった！　だから、このクラス、好きなんだ！」

私も感動して、目頭が熱くなりました。この彼の言葉は、今でも鮮明に記憶に残っています。

今までは、彼なりに頑張ってきたけれど、なかなかうまくできずに悔しかったと思います。でも、とうとう、頑張っただけの成果を出すことができたのです。彼にとっては、やっと起こった奇跡だったと思います。彼の〝善く〟生きたいという思いに、うまく働きかけができたという喜びを感じた瞬間でした。

習熟度別クラスにはない魅力

米子西高校の「英会話」クラスは、選択クラスです。20人前後の希望者で構成されており、校外模試で英語の学年トップの生徒もいれば、成績はあまり良くないけれど英語が好きという生徒もおり、玉石混交、多様な生徒が集まっています。習熟度別ではないクラスがいいのです。英語が得意な生徒は、そうでない生徒とチームを組む時、さまざまなアドバイスをします。英語は得意ではないけれど、面白いアイディアを出せる生徒もいます。

彼らは協力し合って、自分たちだけのオリジナル・ストーリーを作る喜びを感じられるのです。

- 他の人たちの発表も、オリジナリティーがあって、見ていてとても楽しかった。
- みなが考えた物語は、どのグループも自分では思いつかなかったアイディアがたくさんあって、見ていてとても面白かったし、楽しかったです。
- みなの劇が面白くて、すごくわくわくしたし、楽しかった。

生徒たちからは、こうした感想がたくさん挙がりました。オリジナル会話スキット活動の良いところは、お互いに刺激を与え合うことができる点です。他のチームのスキットを参考にし、さらにやる気になったり、今後の活動に生かしたりすることができるのです。

明徳義塾高校でのマネキン男子

高知の明徳義塾高校では、2日間の4技能集中講座を行いました。そこでも、ショッピングのスキット大会をやりましたが、面白いことがありました。

他チームがスキットをする時、別の男子チームの2人が、いきなりステージに行き、2人でマネキン役を買って出てきたのです。

彼らはスキットが終わるまで、マネキンとしてずっと同じポーズをとっていてくれました。2人の自主的な、思いもよらない機転により、本当のショップのような雰囲気が生まれたのは言うまでもありません。


ショッピング以外にも、レストラン会話や、パワーポイントを使ってのオリジナルフードのプレゼン大会など、さまざまな状況を設定して実施したことがあります。

教科書を超えたその先にある、生徒の興味・関心を引くような状況設定を考え、各チームでオリジナルの会話を作って、楽しみながら実践しました。教科書の、どちらかというと、あまり面白くない一般的な会話より、自分たちで考えたストーリーを、自分の英語で自由に話す楽しさを感じられるからです。

このような生徒主体の言語活動こそ、まさに、主体的・対話的で深い学びの実現

（「アクティブ・ラーニング」の視点からの授業改善）ではないでしょうか。

4. なりきりコンテスト

American radio DJ なりきりコンテスト

テキストに出てきた American radio DJ になりきり、誰が一番上手に物まねできるか、コンテストを行いました。

まずは、テキストにあるセリフ（ナチュラルスピードの英語）を生徒のスマホに録音します。それを何度も繰り返し聞き、覚えます。そして、それをみんなの前で披露するのです。

もちろん、コンテスト会場にもこだわります。教卓周りをミニラジオスタジオに模し、教卓にマイクを置きます。そしてＤＪ役（生徒）が教卓に座るのです。

教卓の横にはディレクター席を作り、教師(私)が大きめのヘッドホンをかけ、ディレクター役をやります。ＢＧＭを流しながら、セリフに入る前のキューサインを送るのです。

ラジオスタジオさながらのコンテスト会場で、生徒たちはみんなＤＪになりきって、セリフを読んでいました。スマホに録音したナチュラルスピードの音声を何度も聞いて練習していたので、みんな、なりきり度ではいいスコアをたたき出していました。

このAmerican radio DJなりきりコンテスト活動には、次の２つの効果があります。

① Listening 効果

ナチュラルスピードの速い英語が言えるようになれば、速い英語が聞き取れるようになります。

②Reading 効果

速い英語が聞けるようになれば、速く読んで理解できるようになります。英語を聞くということは、英語が左からどんどん耳に入り、鼓膜に当たって消えていくようなイメージです。

左から意味をつかまえられるようになることが大事です。関係代名詞が出てきても、もう消えてしまった先行詞を、前に戻って確認することはできないのです。

DJ Recitation Test Evaluation

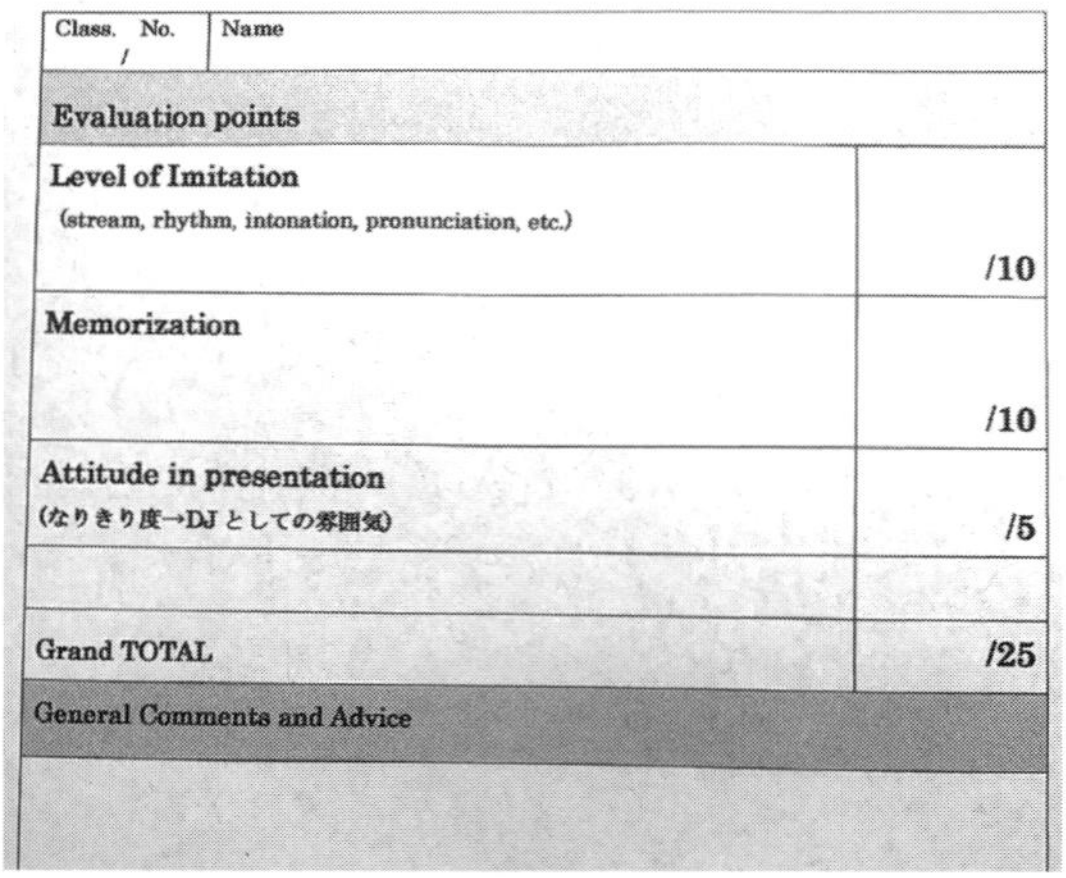

Class. No. /	Name
Evaluation points	
Level of Imitation (stream, rhythm, intonation, pronunciation, etc.)	/10
Memorization	/10
Attitude in presentation (なりきり度→DJとしての雰囲気)	/5
Grand TOTAL	/25
General Comments and Advice	

コンテストの評価（Evaluation）

レディー・ガガ「アカデミー賞受賞スピーチ」なりきりコンテスト

２０１９年、世界中の人々に感動を与えたレディー・ガガのスピーチはご存じですか。若者に「あきらめなければ夢は叶う。頑張ろう」という勇気を与える内容でした。

大切なのは、何回拒絶されたか、何回打ちのめされたかではなく、何回立ち上がり、何回勇気を持って前に進み続けることができるか、なのです。

生徒たちの心が折れそうになった時、このスピーチを口ずさめば元気になれるはずとの思いから、レシテーションをして、自分のものにしてもらっています。YouTubeを活用し、自分のスマホを使って何度も何度も聞いて、真似して、そっくりそのまま覚え、なりきるコンテストです。

米子西高校、米子東高校の両校で実施しましたが、米子東高校「私立文系英語」選択クラス９人のどの生徒も、本当に素晴らしいレシテーションを行いました。

中でも、飛びぬけていた生徒がいました。レディー・ガガの表情や息づかい、ちょっとつまって戸惑う間までを、完全に同じジェスチャー、発音、呼吸で再現したのです。

こんな細かい部分までよく真似できたものだと感心し、感動しました。他の生徒は98～100点満点のレベルでしたが、彼女は200点満点レベルをたたき出したのです。

彼女の名は、田口りさ子さん。もう、レディー・ガガの真似ではなく、田口りさ子自身のスピーチになっていたのです。

5. 子どもの能力に感動するレシテーション

4人の有名英語演説――レシテーションコンテスト

有名な英語演説を暗唱し、誰が本物に近いレシテーションができるかを競い合ったのがレシテーションコンテストです。

大学でも高校でも、レシテーションを行う前に生徒たちに必ず伝えている言葉があります。

例えば「歌が上手だなあ」というレベルの人はたくさんいます。でも、本当にうまい人の歌は、聞いていて、自然と涙が出てきます。これが、本物なんだと思う。スピーチでもレシテーションでも、英語の発音もいいし、英語らしいリズム、流れで上手に言える人もいます。しかし、君のスピーチやレシテーションが、聞いている人の心に届き、感動を与えるレベルまで目指してほしい。自分が発する言葉が聞いている人の魂を揺さぶるようになってこそ、本物なんだ。

使ったのは、次の各演説から、サビの部分を４～５行程度です。

- John F. Kennedy（Inaugural Address「就任演説」）
- Dr. Martin Luther King Jr.（"I Have a Dream."）

- Abraham Lincoln（Gettysburg Address「ゲティスバーグの演説」）
- Steve Jobs（Stanford University Commencement address「スタンフォード大学卒業式スピーチ」）

やり方は、これらの動画の該当箇所を生徒のスマホにダウンロードし、いつでも視聴できる環境を整えます。そして繰り返し見て覚え、コンテストに臨むのです。高校生で、この4つの演説を一気に覚えるのは、少しきつい部分もありましたが、みんな頑張って、何度も本物を聞いて、真似できるようになりました。そして、毎年2～3人は、本物に近いレシテーションをやりきりました。

ちなみに、私は大学でもレシテーションを行っていました。東洋英和女学院大学、田園調布学園大学では、ケネディ元大統領とキング牧師のどちらか1つを選択してやりました。

田園調布学園大学の2年生の女子学生が、キング牧師そっくりの魂の叫びのレシテーションを行い、終わったらみんなから拍手喝采を受け、その後彼女は、「ミスキング牧師」と呼ばれるようになりました。

ここで挙げた演説はあまりにも有名なスピーチなので、テレビなどでも事あるごとに映像が流れます。それを目にすると、聞き取れる自分、同じように話せる自分を自覚し、自信がつくでしょう。

本物と同じリズム、抑揚、感情表現を身につければ、その先の英語学習でも生きること間違いありません。もっと言うならば、これらは生徒たちの未来へのプレゼントでもあり、彼らの人生において、このレシテーションの効果は計り知れないものがあるはずです。

レシテーションコンテストの様子

31年前、都立永福高校でのチャレンジ

都立永福高校では、1・2年生全員（約700名）参加の「英語レシテーションコンテスト」を行いました。このレシテーションコンテストは、3学期評価の30%に組み込んだ言語活動です。

初年度は担当学年のみでしたが、2年度目以降は1・2年へと拡大していき、この活動は6年間続きました。

レシテーションの課題文は、リンカーン元大統領の「ゲティスバーグの演説（全文）」、「ラブ・ストーリー」の一部、「ザ・ディクテイター」の一部など、その年によって変えて行いました。普通のスピードで読めば2分程度のものです。

各クラス全員参加とし、通常授業内で1次予選を実施。1人の持ち時間は3分半です。当時は各学年8クラスありましたので、2学年で16クラスです。

1次予選では、各クラス3位までを選出し、2次予選では学年ごとに各クラス1位受賞者（8名）の中から、代表となる4名を選出。そして本大会は体育館で、2学年の選出者8名によるコンテストを行いました。担任教師団、英語科の先生方の

理解と協力を得て実現しました。

このレシテーションコンテストに参加した生徒の感想を、いくつか紹介させてください。


一言で言って、あがってしまった。

全部言えたことは、とてもうれしかった。一番ひどかったのは、ひざを伸ばすと全身がふるえてしまうので、発表している間中、ひざを曲げてました。疲れた!

（1年生　女子）


覚えるときは「めんどくさい」と思っていました。それと同時に「去年のうらみを晴らしてやる!」と強く心に決めたのも事実です（去年は覚えたのにあがりにあがってしまい、少し言ったらすぐ忘れてしまったから）。

それで、今年は「絶対最後まで発表するぞ」と思って暗記を始めました。覚えてから50回は繰り返したと思います。

この行事で、「やればできるのだ」と思った。「やってよかった」とも。

（2年生　女子）

レシテーションのスタートは小学校から

キング牧師とケネディ元大統領の演説のレシテーションを初めて実践したのは、小学校でした。

それは、２００４年、広島県尾道市の土堂小学校でした。月刊誌の取材で、百マス計算で有名になられた蔭山英男校長を何度も訪問したことがきっかけです。

数カ月後に学校全体の研究発表が予定されており、全国から多くの先生方が来られることになっていました。

英語でも何かやりたいと、蔭山校長は考えておられました。そして、「山口さん、研究発表会のために、うちの生徒に磨きをかけてくれませんか！」と声をかけていただきましたので、私は「任せてください！」と即答したのです。

当時の土堂小学校の国語の授業で、「坊ちゃん」や「徒然草」のサビの部分を音読暗唱している授業を見せてもらったことがあります。子どもたちは立って体を揺らしながら、日本語のリズムを本当に楽しそうに音読暗唱していました。その姿を見て、日本語とは違うリズムの英語をぶつけても、この子たちならいける、と感じ取りました。

そして、ちょうど4年生がキング牧師の公民権運動を学んでいるとのことだったので、キング牧師の演説をやることにしたのです。

私は会社を3日間休んで土堂小学校に赴き、4年生に指導し、1人ひとりに個別アドバイスもしました。

英語の免許証を持っておられた担任の藤井先生の指導が実に見事でした。模造紙に演説の英語を書き、文法も単語の意味も教えず、1行ごとに「ここは、こういう意味だよ」とだけ教え、読み練習を繰り返しました。

全員が言えるようになった後、研究発表日まで1週間ありました。そこで藤井先生が、「もう1つ、ケネディ元大統領の演説もやってみる?」と、児童たちに尋ねると、「やってみたーい!」という反応が返ってきたのです。

キング牧師の演説と同様に、模造紙にケネディ元大統領の演説文を書き、黒板に貼りました。すると驚くことに、子どもたちは、もぞもぞ口を動かしながら、その英語を読み始めたのです。単語の発音も、何も教えてないのに、です。

これには藤井先生も私も驚嘆しました。子どもの能力ってすごい、と感心しました。

そうして迎えた研究発表の日。キング牧師の公民権運動の説明をした後、初めて本物のキング牧師の演説のＣＤを聞かせました。

児童たちは感動し、身震いせんばかりに聞き入っていました。授業参観しておられた他校の先生方も驚きの表情でした。小学校４年生がキング牧師の I have a dream. をレシテーションしているのですから。

藤井先生が、「じゃあ、キング牧師と一緒に言ってみよう」と言われ、初めて本物のキング牧師の声と一緒に、同じリズム、抑揚で言いました。その時の子どもたちの表情は、なんとも言えず、うれしそうでした。

この経験を踏まえ、大学、高校の授業でも取り入れるようになったのです。

6. すべての生徒から大好評！ ラップ大会

テイラー・スウィフト“Shake it off”ラップ大会

歌中にある数行のラップ部分は、英語のリズムをつかまえるには最適です。ラップの読み指導は、YouTube の英会話レッスンで人気の「REINY先生」がやってくれます。たった5分でテイラー・スウィフトとほぼ同じようにラップができるようになるのは本当に驚きで、教師にとっては楽な活動でもありました。

このラップ大会は大学生にも高校生にも大人気で、1年間の授業の中で、最も楽しかった活動として絶賛されています。

このアイディアは、東洋英和女学院大学教授の高橋基治先生が、明徳義塾高校の講座で行われたものを踏襲させてもらい、進化させたものとなりました。

私に「マイ・エックス・マン!」と叫ぶ女子生徒たち

米子西高校3年目の2学期後半~3学期にかけてのことです。この時期、3年生は受験のため、登校はしません。英語科からの要望で、1・2年生の全クラスと選択クラス合わせて18クラスで、ラップ授業を実施することになりました。

しかし、私も、授業担当の先生方も、どうしてもテイラーそっくりに言えない部分がありました。そこで、スマホの再生速度を75%、50%と遅くしてみると、なんとか真似できるようになりました。

この方法は良いと思い、生徒たちにも速度50%の音声で真似させてみたところ、生徒たちもほぼ完璧に言えるようになったのです。そして、英語の下に手書きの発音記号も加え、消える音をつかまえた、音の続き方を学ばせることができるようになりました。大きく進化した指導ができるようになったのです。

こうした試行錯誤の末、生徒たちは、みな、45分で、テイラーそっくりにラップ英語が言えるようになりました。

その後、面白いことに、廊下で私に向かって「マイ・エックス・マン!」と叫ぶ女子生徒が続出。もちろん、そのたびに私は親指を立てたサインとともに、「オッケー、グー!」と、ノリ良く返しました。でも心の中では、「俺、君の元彼じゃないんだけど……」と、つぶやいていたものです。

すごいことをやってのけた明徳義塾高校生

明徳義塾高校講座では、14人の選択クラスの生徒たちが、大変ノリ良く頑張ってくれました。

練習を繰り返すうちに、2人の女子生徒が「もう、プリント見ないで言えます!」というので、教室の前に出て1人ずつやってもらいました。

2人のラップはテイラー・スウィフトそっくりそのままの、パーフェクトな"Shake it off"でした。他の生徒たちも、彼女たちから刺激を受けたようでした。

もう少し時間がほしいと求められたので、追加で5分延長時間を与えたところ、そのうち、生徒たちはどんどん自ら前に出てきて、プリントなしでトライをし始めました。そして、授業開始から50分たったときには、とうとう全員が完全に覚え、テイラーと同じスピードでラップができるようになったのです。

せっかくなので、最後に全員で前に出て YouTube の音に合わせて、ラップを披露してもらいました。14人が、思い思いのリズムで体を揺らしながらラップを楽しむ姿は、大迫力でした。

大学の英語音声学の授業で学ぶより、自然に英語の音のつながり方が学べるので、ラップはおすすめの教材です。なお、もし希望があれば、全国どこへでも飛んで行って、このラップ授業をしたいと思っています。生徒たちにとっては、最高に楽しい授業になると思いますよ！　詳細は194ページのコラムをご覧ください。

7. ディベートにチャレンジ

クリティカルシンキングの養成にも

ディベート（Debate）では、与えられた1つの論題に対し、賛成側と反対側の両方の立場に立って、生徒たちが主体的に調べ、議論し、自分たちの意見を構築します。

初期段階のディベートでは、やさしいテーマを取り上げて指導をしています。直近では“Cats are better than dogs for human beings.”（人間生活にとって、猫の方が犬より大事だ）をテーマに、ディベートを行いました。これは、生徒たちが議論して決めたテーマです。

ディベートを取り入れるメリットは、たくさんあります。代表的なのが、クリティカルシンキング（Critical thinking）の養成です。Why? Because で物事を考える姿勢が身につくからです。

こうしたディベートスキルは、普段の生活場面でも役立ちます。例えば、インターネットなどで露出されるニュースやコメント記事をそのまま鵜《う》呑《の》みにするのではなく、「ニュースソースが信頼できるか」、「反対論はどのような意見か」なども考えた上で、自分の意見を構築できるようになっていくのです。

ディベートは、授業で教わったことを理解し、暗記するという「受動的な学習」

ではなく、正解のない論題に対し、生徒たち自らが解決策をつくり上げるという「能動的な学習」を行うこととなります。

このほかにも、ディベートを行うメリットや効果はいくつもありますので、ご紹介しましょう。

ぶれない1本の論理的な柱を立てる

ディベートでは、賛成・反対どちらであっても、ぶれない1本の論理的な柱を立て、議論を展開することが求められます。これにより、論理的に物事を考え、意見を述べる力が育成できます。

普段のライティングの授業で、Topic Sentence, Support Sentences, Concluding Sentenceからなる、Controlling ideaに従った、論理が一貫したパラグラフ・ライティングを訓練しておけば、ディベートに導入しやすいです。

また、最近の国公立大学入試では、パラグラフ・ライティングが求められています。英検のWritingも同様の問題が出題されています。大学入試、英検の準備としても大いに効果があるはずです。

「読むこと」、「書くこと」、「聞くこと」、「話すこと（やり取り・発表）」の総合的な訓練

自分たちの意見をつくり上げるためには、いくつかの学習プロセスを経ることになります。

まずは資料を調べ、必要な部分を英語に直し、相手の意見を聞いてメモを取る。相手の意見に対して質問し、反論を述べる。そして、それに基づいて自分たちの主張を再構築する。

こうしたプロセスの中で、学習指導要領の５つの領域「読むこと」、「書くこと」、「聞くこと」、「話すこと（やり取り）」、「話すこと（発表）」が総合的に実践・育成できるのです。

悔しい体験をする

英語力不足から、「言いたいことが思うように言えない」という、悔しい体験をすることもあるでしょう。それが「もっと話せるようになりたい」という欲求に火をつけます。そして、自ら主体的に学ぶようになります。

米国の「大学院入試エッセー」につながる

ディベートやパラグラフ・ライティングの経験をして

ディベートの様子

おくと、米国の大学院留学をする時に必要なテスト「入試エッセー」(Statement of Purpose：志望理由を論理的に述べ、自己体験エピソードも加味したＡ４・１枚半の論文)にも役立ちます。

英語で話したり、書いたりするためには、普段から、Why? Because を英語で自問自答する訓練をしておくことがすべての基本です。つまりは、クリティカルシンキングの癖をつけておくことです。

8．受験英語を超える！――米子東高校での実践

「結局、この著者は何を訴えているのか」

米子東高校では、１年間、３年生の「私立文系英語」クラスを担当しました。赴任時には、すでに大学受験対策用の長文問題集が決まっていましたので、それを使用しました。

その問題集はUnit1～15まであり、左ページが長文、右ページが本文に対する問題、続いて3～4ページが文法・英作練習問題という、一般的な長文問題集の構成になっていました。さらには、生徒用に個人配布できる、各Unit単位の本文訳・解説、本文の問題の解答、文法・英作問題の解答付きのペーパーがついていました。

Unit3までは、一般的な授業を行いました。しかし、長文関連の問題や、文法・英作問題をすべて授業でやるのは無駄に思え、Unit 4からは、全くやり方を変えました。この問題集を扱う教師は私1人でしたので、自分のやり方に自由に変えることができたのです。

左ページの長文はCDを聞いてもらい、発音の難しそうな単語の発音練習を行いました。このクラスの生徒は予習もしっかりしてきていたので、前もって段落ごとの要旨をまとめておき、授業では英語で聞いていきました。

その後、まとめとして、「結局、この著者は何を訴えているのか」を尋ねるというやり方で進めました。たまに、構文的に説明した方がよいところのみ、日本語で解説しました。

そこまで済ませたら、本文の訳・解説、本文関係の問題の解答、文法・英作問題の解答を生徒に渡し、5分間で自己採点してもらいました。そして、質問があれば聞き、説明をしました。

9人クラスでしたので、たまに机の並びをスクエア型に変え、大学のゼミ教室のようにみんなの顔が見える形にしたこともあります。

自分の意見を言えるようになることを目指す

Unit 7あたりからは、大学のリーディングクラスで行ってきた授業形式に発展させました。英語を英語で理解する授業を目指し、長文本文のみに関するSkimmingとScanningを基本とした授業を展開。最終的には、テーマに関して、自分の意見を言えるようになることを目指しました(これは後半の最後の方で実施)。

Skimming（大意把握読み）

本文の内容に関し、こちらからどんどん生徒に英語で質問し、和訳せずに大意を自分の英語で簡潔にまとめてもらいました。その後、準備しておいた、まとめのコピーを渡し、自分のものと比較し、確認してもらいました。

Scanning（情報検索読み）

前もって5つくらいのピンポイントの情報を尋ねる質問を作っておき、生徒に答えてもらいました。

生徒配布用のペーパーはすべて、Unit 本文が終わるごとに配布し、自己採点してもらいました。このような授業展開に変えてから、2学期の中間考査までにUnit1 15まで、つまり問題集1冊全部終わってしまいました。

大学がどんな問題を出題しようが、まとまった長さの英文を読み、著者が何を訴えたいのかを理解できていれば、いくらでも太刀打ちできます。できるだけたくさんの、さまざまなテーマの、まとまった長さの英文を、どんどん読みこなすことが、最適な学び方だと思っています。

ちなみに、2学期の中間考査（3年生最後の定期考査）では、こんな出題をしてみました。最後の方のUnitでは、著者が地球環境問題に関して「こんな問題もあるし、こんな問題もある」と、問題指摘のみしている文章だったので、「もし、君が国連事務総長だったら、地球を守るために、先進国に向かってどんな提案をしますか？」という問題にしたのです。将来、このクラスの中から国連事務総長になる人間が出る可能性だってあるかもしれませんからね。

その後、2学期の終業式までは、リーディングとリスニングの集中特訓を行いました。45分のうち、半分の時間をリーディングに、もう半分の時間をリスニングに使いました。

リーディングは、以前大学で使用した長文を20個くらいかき集め、Skimmingと Scanning で迫りました。リスニングはいろいろなところから資料をかき集めて、リスニング問題とディクテーションで迫りました。

米子東高校でも、年間を通して自己紹介、５Ｗ１Ｈを使ったインタビュー練習、他己紹介、４人の有名英語演説レシテーション・コンテスト、レディー・ガガ「アカデミー賞受賞スピーチ」なりきりコンテスト、テイラー・スウィフト"Shake it off"ラップ大会、Journal Writing、ディベートにチャレンジも行いました。

9.「教科書を教える」授業はやらない

アクティブ・ラーニングの評価のしかた

最後に、アクティブ・ラーニング（Active Learning）についても触れておきましょう。

私の場合は、それぞれの生徒をencourage（勇気づけ）する方向でパフォーマンス評価を行っています。それぞれの生徒の成長を中心にし、「○○ができるようになった」という観点で見るので、CAN－DO評価に近いのかもしれません。

各個人の絶対評価が主体ですが、相対評価も加味しています。そして、校内の慣例（定期考査はペーパーテストの点数を100％で評価）に近づける形で、各学期、すべての普段の言語活動（アクティブ・ラーニング）を総合し、20～30％に組み込んでいました。

残りの70～80％がペーパーテストの定期考査の点数です。それらを合体して100％とし、評価を出していました。

しかし、今や、文科省の学習指導要領に従えば、逆転し80％を普段点で、ペーパーテストを20％の方がいいですね。または、すべてを普段点で評価するのが、より良いように思います。

Show & Tell ――「伝える」でなく「伝わる」

Show & Tell活動に最初にトライしたのは、東洋英和女学院大学のスピーキングのクラスでした。始める前に、学生にこんな話を紹介しました。

「テレビショッピングで有名な、ある大手通販会社がありますよね。その通販会社の社長が、別のテレビ番組にゲスト出演していた時でした。男性アナウンサーが、自分が身につけていたごく普通の腕時計を外し、『この時計を売れるように宣伝してください』と、その社長に頼んだのです。

社長はしばらく、その時計を隅から隅までじっくりと観察しました。そして、あの特徴的なかん高い声で、時計の魅力を訴え始めました。聞いていた私は、即、買いたくなってしまいました。

その後、社長はこんなふうに語っていました。『単に商品の良さを〝伝える〟のではなく、聞いている人の心に〝伝わる〟ように訴えることが必要なのです」と。

さあ、君たちが今一番気に入っている物を、明日の授業に持ってきてください。そして、誰もが欲しくなるように、その魅力を訴えてください」

翌日のプレゼン大会では、ある1人の学生が、実に見事なプレゼンをしました。聞いていた他の学生たちからも、「それ、欲しい！」、「どこで買ったの？」、「値段はいくらだった？」、「まだ、売ってるのかなあ？」などと、大きな反響を起こしました。彼女はヒロイン状態でした。

私は、その学生に「君は、通販のプロになれる。君のプレゼンを聞いたら、どこの企業でも、即、君を採用してくれるよ。大学生なんかやってないで、スーパー宣伝レディーやった方がいいよ。それが君しか持ってない〝善さ〟なんだから」と伝えたものです。

高校でも、導入として同じエピソードを話し、Show & Tell 活動を行いました。どの生徒もその気になって、レベルの高いプレゼンができました。

1つの活動でも、何となくやるのではなく「どうすれば生徒がその気になって乗ってくるか」、「どんな工夫をすれば、わくわくゾクゾクした活動になるか」と、知恵を絞るのが教師の仕事なのではないでしょうか。

そして、生徒のプレゼンを聞いて、教師自身もわくわくした気持ちになることです。授業は生きているのです。

「ひらめき」を逃がさない

私の授業は、「教科書を教える」授業はやりません。教科書の指示通りにやっても、ちっとも面白くありません。教える方も教わる方も、です。

教師自身が、授業をやりながら「乗らないよなあ」、「面白くないよなあ」と思っていたら、生徒はもっと退屈で、面白くないでしょう。

以前、ＮＨＫの番組を見ていて、私の心に刺さった言葉があります。矢沢永吉氏の言葉です。「やる方の自分が楽しんでなきゃさあ、人に伝わらないんだよ」

——全くその通りですね。

英語の場合、使うのは教科書の本文だけで十分。それを利用して、どう料理するかは教師次第です。

「教科書も利用しながら」YouTubeも活用したり、いろいろな教材やプリントを作って準備をしておいたり、生徒がわくわくする活動に発展させます。

授業の主役は生徒です。生徒が乗ってくると、必ず、「ひらめき」がわき上がってきます。そうしたら、その「ひらめき」を逃さず、即生かす。すると、授業が活気ある活動に大きく変わります。そして、魅力ある状況設定によって、生徒が本気になり、目の輝きが変わってきます。

教師が自分で考え、自分の個性を生かし、自由に教えることが、より〝善い〟授業の極意といえましょう。

10．私の授業の効果と成果（米子西高校、米子東高校）

私は大学の授業を高校の授業に取り入れて実践してきました。1年間で学年が変わるため、効果を測定するデータはありませんが、次に紹介する生徒の感想をお読みいただくと、生徒たちに与えた影響を感じ取っていただけるのではないかと思います。

〔資格取得〕

- 英検2級が取れました。
- 英検2級でしたが、準1級に合格できました。

・GTECで学年トップになりました！
・GTECのスコアが100点近く上がりました。
・GTECで、点数が大幅に上がって、学年9位という成績が取れました。
・GTECの結果が、毎回伸びて更新できることが本当にうれしかったです。

〔主体性〕
・普段の「コミュニケーション英語」や「英語表現」の授業とは違い、自分たちが主体となった活動が多く、楽しみながら英語を学ぶことができました。特に最後のスピーキングのテストでは、今まで学んだことを生かし、その場ですぐ考え、対応することができ、力がついたことを実感できました。
・ショッピングのスキットや、ディベートなどを経験したので、海外のテレビ番組を見る機会が増えた。適切な英語を使えるようになった。
・英語の授業だけじゃなくて、「夢」や人間性についても学べて、すごく良い授業でした。

〔自信〕

●自信がついた。自分のことを話すテストでいい点をもらえたのはうれしかった。

●初めて英語で「5」をもらったので、英語に自信が持てるようになった。

●レディー・ガガのレシテーションで、満点の評価をいただけたことは、うれしかったです。

●聞き取ることは得意でしたが、発音が苦手だったので、本物のスピーチなどを聞いての練習は、とても役に立ち、自分の英語に自信がつきました。

●自分の中でスピーキングの発音や言い方に自信がなく、カタカナの発音になってしまうことが多かったけど、つなげて言う発音の文などで、だんだんコツをつかんできて、最近はスピーキングが楽しいと感じられるようになった。

●私はレストランの発表が一番印象的でした。普通の授業では話すだけだけど、英会話では、話すに加えて動作や相手とやり取りすることがよくあったので、実際のシチュエーションに近い状態で、自分の英語で会話できたのがよかったです。

英会話の授業では、みんなが頑張って発表をしていたので、自分も堂々と発表することができました。

〈苦手意識の払拭〉

●英語に対する「苦手意識」がなくなりました。英語を使えば世界が広がることがわかりました。海外で起きた事件や災害などをもっと知りたい場合、日本の報道が少ない場合があります。その時に海外メディアの記事を読んで、知りたい情報をたくさん得ることができました。

●普通と少し違う授業が、英語を嫌いな教科ではなく、好きな教科に近づけてくれました。

〈学習法の習得〉

●リスニングの練習では、どのように聞き取るのか、コツを知ることができました。

●1年間の授業を通して、英語を話す活動や、意見を英語で記述する活動などが、自分の英語へのなじみを深めてくれたと感じました。

- リスニングの授業で、最初は高速で聞いて全然わからなかったけど、普通のスピードに戻した時に、いつもより遅く感じて聞き取りやすく感じました。家でもシャドーイングをするようになりました。
- “Shake it off” のラップの部分の暗唱の発表をしたことによって、洋楽を聴いてリスニングを鍛える勉強法を取り入れました。

〈生の英語体験〉
- 初めてあのような「生きた英語」の授業を経験したのでとても新鮮でした。
- 実際にネイティブの人のスピーチや、歌を真似することで楽しく「本物の英語」を学ぶことができました。
- 「生きた英語」に触れることで、これまでは、英語の文を見て書いて喋って「受動的な学習」をしていたものだったのが、先生の言われた通りに音を通して暗記した文を、実際に使って意思疎通をする（習った例文や知識を組み合わせたりして活用をする）「能動的な学習」ができた。

個別生徒による感想

葉田玲奈（米子西高校2年）

「コミュニケーション英語」や「英語表現」では学べない、いろんな体験型がある授業で楽しかったです。初めに長い文章を暗記して発表することが、日本語でも難しいのに、英語でやるなんて無理って思ってたけど、何とかなったし、みんなが頑張って発表する姿が、とても印象的でした。

1人で前に立って発表する課題が多くあって、発表力や緊張しても最後までやる！っていう気持ちが鍛えられたと思います。

グループワークやペアワークもたくさんあって、今まで話したことがない人と話すことができたりして良かった。ショッピングの発表では、本当に服を持参したりして、楽しみながらできました。

英会話の授業は座学だけじゃなく、みんなが自分で頑張ろうという意識を持ってグループワークができたりしていてよかったです。人数が少ないクラスだったけど、少ないからこそ楽しめた授業だったし、先生と生徒の距離が近くて、アットホームなクラスだったと思います。

中田鈴音（米子西高校2年）

今までの私の英語のイメージは、ひたすら文法という感じで、あまり得意じゃなかったし、好きではなかったです。英会話の授業は、教科書以外の歌を歌ったり、レシテーションをしたり、ペアやチームで活動するのが、楽しかったです。

一番印象に残っている授業は、英語の早口言葉を言う、ピーターパイパー授業で、これまで英語の早口言葉を知る機会がなかったし、みんなで速く言えるように頑張ったのが楽しくて、一番印象に残っています。

また、植松努さんの話をYouTubeで見て、夢はあきらめなかったら、絶対叶うということを学べたし、感動しました。先生はいつも元気いっぱいでポジティブで、話を聞くのが楽しかったです。

岩尾侑真（米子西高校2年）

中学校までの英語では、ずっと教科書の本文を暗記するだけで、高1も本文の暗記と文法を覚えるだけの、正直退屈な英語ばかりでした。

英会話では、歌を歌ったり、店員になりきったりなど、なかなかトリッキーな授業が多く、毎回何をするか楽しみだった。一番記憶に残っている授業は、ブランドショップでのショッピングの授業で、自分たちで文を作って、自分たちでそれを演技するなんて、生まれて初めてだったから、最初すごく不安だったのを覚えています。練習をしていき、演技をやりきった時の達成感は、なかなか大きかったです。

M・M・（米子西高校2年女子）

私は英語が苦手で、いつも定期テストでは点数が低く、勉強のし方がわからない。そんなふうに思っています。でも、ＪＡＣＫ先生の授業は好きでした。先生が経験豊富だから、外国のマナーや英語の発音のし方など、普段の授業では知れないことを学習できました。

この1年間で、特に自分に響いたのは、最初の4人のレシテーションと、植松努さんの話です。レシテーションは、この英会話の授業が始まって、すぐしました。最初、4つも覚えられないし、イヤだ、と思ったけど。

今思うと、1つひとつの文章の意味も深いし、頑張って覚えたから、今でも言えるのが、自分も英語がペラペラに話せるみたいでうれしいです。植松努さんは、自分にとって、とても将来を考えるためになる話でした。聞くたびに響く言葉が違うという先生の言葉は、その通りだなあって思いながら努さんの話をYouTubeで何度も聞きました。

この英会話の授業では、今でも、これからも、体験しないようなことばかりで、すべてが新鮮で、とても良い経験でした。

米子東高校3年女子

小学生で初めて英語の授業を受けてから今までで、一番進歩的な授業を受けさせていただいたのではないかと思っております。楽しい雰囲気の授業だったため英語を身近に感じることができました。

先生の授業にて、いろいろな方法で本物の英語に触れるということが、私の英語力を伸ばしたのだと思います。特にYouTubeを活用して英語学習をしたのが良かったです。

なぜなら、世界には動画があふれているため、自分ではどれを見たらよいのかわからなくて、困っていたからです。また、授業でたくさんの長文を読んで慣れたことで、入試本番も余裕を持って解くことができました。本当にありがとうございました。これからも目標を1つひとつ努力で達成し、夢を叶えます。

湯原和憲（米子東高校3年）

あれは最初の授業でした。

いきなり、ハワイの日系人になりすました、英語なまりの変なアクセントの日本語での自己紹介から始まりました。みんなが目をキラキラと輝かせ、JACK'sworldに一瞬で引き込まれました。

それからというもの、たくさんの楽しく実践的かつ、生きていく上での糧となることを教えていただきました。授業で学んだことを家族に話すのが、毎日の楽しみでした。

特に、キング牧師をはじめとする４人の有名英語演説レシテーションコンテストがとても印象に残っています。夜遅くまで何度も抑揚や間の取り方を練習しました。その甲斐もあり、本番では堂々と発表することができました。真似ることが英語上達において一番の近道であるということに気づけました。今でも、４人のスピーチを再現することができ、自分の一部となっています。

僕は人前で話すことが苦手でしたが、先生の授業のおかげで、それを楽しいと感じるまでに成長することができ、その自信は大学生活にも活きています。

仮に今、進路選択の時にタイムスリップしたとしても、なんの躊躇《ちゅうちょ》もなく私文コース（進路を狭めるからと担任から推奨されていなかった）を選択するでしょう。進路よりも大切なものを手に入れられたのですから。

細田真由（米子東高校3年）

山口先生には高校3年生の英語の選択クラスで大変お世話になりました。授業では、英語でコミュニケーションをとることをベースに、英語の音のつながり方や発音の仕方といった基本的なことから、ディベートやスピーチ大会といった発表形式のものまで、今後の生活に役立つことを多く経験させていただきました。

特に英語でコミュニケーションをとることと、人前で英語で発表するということは、今の大学の授業でとても役立っています。例えば、ネイティブの先生の英会話の授業や、テーマに従って調査し、パワポを使って自分の意見を発表する授業などです。先生に感謝する毎日です。

私は高校時代、ほんっっっとうに英語を話すことが苦手でした。山口先生の授業でもなるべく発表しないように影を消すようにしていました（笑）。それはきっと受験英語しか頭になかったからだと思います。

先生の授業では、毎日1行以上の英語日記（Journal writing）を書き続けるように勧められていました。私は、だいたい10行くらいの英文だったのですが、４月から11月まで、毎日、頑張って、後半は楽しみながら、書いてきましたので、自分の伝えたいことが何となく英語で言えるようになりました。

最後の方でディベートをした時、自分たちの主張をけっこう発言できたのには驚きました。7カ月間毎日英語を書いてきたおかげだと思います。

先生は「社会に出てからも使える英語を」といつもおっしゃっていました。

大学に進学し社会に一歩足を踏み入れた今、高校時代に先生の授業を受けてよかった、世界が広がる前に準備ができてよかったと心の底から思います。できることならもう一度、先生の授業を受けたいです。

舞立菜々子（米子東高校3年）

私は高校3年生のとき、1年間だけジャック先生にお世話になりました。たった1年間でしたが、高校生活の中で一番印象深い先生です。

はじめに、ジャック先生を思い出す中で特に覚えているのは、最初の授業で知らない先生が来たと思うと、いきなりネイティブのような英語で話し始め、さらには自己紹介で自分は日系の外国人なのだと言って、私たちをだましにかかってきたことです。先生の話す英語が流暢すぎて、なんの疑いもなくそうなんだと信じてしまったことを、今でもとてもよく覚えています。

そんなジャック先生でしたが、私は先生の授業がとても好きでした。

先生は、普通の英語の授業をされなかったからです。英語に限らず、受験のためにする勉強に、あまり意味を感じることができなかった私にとって、ジャック先生の授業はとても有意義に感じた時間でした。

毎日英語で短い日記を書いたり、スティーブ・ジョブズの有名なスピーチの抜粋を覚えてみたり、受験生がすることではないようなことをたくさんしましたが、受験のためにした他の授業の記憶はほとんどなくても、ジャック先生のクラスでしたことや、先生が私たちに話してくださったことは、こうして今でもたくさん記憶に残っています。

大学生になってイギリスに1カ月留学したときも、役に立ったのは受験英語ではなくジャック先生の授業で学んだ、とにかく英語で話してみる精神でした。英語を話すことは難しくないこと、挑戦することを恐れないで、新しい世界を見に行くことが大事だと教えてくださった先生に感謝しています。

コラム③ 東洋英和女学院大学のキャロライン・ケネディ元駐日大使!?

東洋英和女学院大学では、トレンディーな話題を扱ったレシテーションを行いました。題材の1つとして扱ったのが、キャロライン・ケネディ元駐日大使のメッセージです。

ケネディ駐日大使は、赴任前、ニューヨークの自宅ラウンジから、日本の皆さんに向けての自己紹介や、大使としての抱負を語ったビデオメッセージ「ケネディ駐日大使から日本の皆さんへ」(2013年11月)を届けました。

このビデオメッセージをYouTubeで見て、なりきりコンテストを開催したのです。中でも1人、本当にそっくりそのままにレシテーションした学生がいました。思わず、キャロラインさんに彼女のレシテーションビデオをお見せし、東洋英和女学院大学に来校してもらえないか交渉しようと思ったくらいでした。

第4章

誰だって「奇跡」を起こせる

私の授業では、大学の授業を取り入れたオリジナルのプログラムを企画・実行してきました。

受講したほとんどの生徒から大好評で、卒業してからも感謝されました。

大胆な施策を講じられたのは、私自身が「奇跡」を経験し、「奇跡」の力を信じていたからです。

1. 偏差値30から慶應義塾大学に合格

私自身、順風満帆な人生を送ってきたわけではありません。荒波にもまれながらも、自分の手で奇跡を起こしてきました。

私が体験した、自分自身の「奇跡」と思える経験を、２つ紹介させてください。

1つは自身の大学受験のこと、もう1つはオーストラリアＮＳＷ州派遣教員に選ばれたことです。

物まねの延長線上にあった英語

中学1年になったばかりの頃、英語の教科書付属の別売りソノシートとＡＩＷＡのポータブルレコーダーを買ってもらいました。

今ではソノシートはほとんど販売されてないと思いますが、レコードのように厚くしっかりしたものではなく、ペラペラの薄いビニール盤で安価なものでした。

ソノシートから流れる英語の音を初めて聞いた時のことは忘れられません。生の、アメリカの女の子の英語でした。

とってもかわいい声だったので、勝手にその子の容姿を想像しました。金髪のポニーテール、青い目、鼻筋の通った高い鼻。いわゆるＷＡＳＰ系のかわいいアメリカ人の女の子。

すっかりその声の虜《とりこ》になり、何度も聞いて、そのままそっくりに真似して、繰り返し言う練習をしました。

もともと私は言葉の音に興味があり、物まねするのが得意でした。新しい言葉、英語の音がその延長線上に入ってきたのです。

日本語とは全く違う、リズム、強弱、高低、流れが、まるで音楽のように聞こえました。この面白い言葉を真似せずにはいられませんでした。英語は、物まねの延長で音から入ったのでした。

英語が大好きになった中学時代

毎日、家に帰ると、ソノシートから聞こえてくる英語を真似て、何度も何度も繰り返し練習をしました。このようにして1年生の教科書は、音とともに、自然に覚えるようになっていきました。成績は、5段階評価の5でした。

やがて2年生に進級したある日のことでした。英語の先生が、こんな質問をしたのです。

Where does he work?

私は即座に挙手をし、ソノシートで覚えていた音でそのまま答えました。

He works イナノフィス (in an office).

※「イン・アン・オフィス」ではなく

すると、先生がびっくりしたように、こうおっしゃいました。「これっ、山口、お前はアメリカにおったか？」

驚きました。ソノシートで覚えた英語をそのまま言っただけなのに……。

「俺の英語はアメリカ人と同じ音になっているんだ！」

この瞬間から、「俺は英語ができるんだ」という勘違いが始まったのです。

うれしくて、うれしくて、今まで以上にソノシートの真似をするようになりました。そして、英語に自信を持つようになったのです。そして3年生になると、学年600人の中でトップ10に入っていました。

暗黒の高校3年間

高校入試も終わり、憧れの県立米子東高校に進学しました。入学してすぐに、英語のクラス分けテストがありました。いわゆる習熟度別クラス編成テストです。できるクラスがＡで、２クラス１００人。残り４５０人はＢクラス。結果は、Ｂクラスでした。

Why? 信じられませんでした。ショックでした。だって、中学で学年６００人中トップ10だった英語の達人が、高校で、５５０人中１００人の中にも入っていないのです。

中学時代には自分より英語の成績が下だった人間が何人もＡクラスに入っていました。このことは、いまだに信じられません。

一気に谷底に突き落とされた感じがしました。自分の英語に対する自信もプライドも根こそぎ取られた気持ちになりました。バチンと、落伍者《らくごしゃ》としての烙印《らくいん》を押されたような衝撃を受けたのです。

この日以来、すべてに自信を失い、生きる気力もなくしてしまいました。学校には通いましたが、精神的には登校拒否状態。無気力となり、楽しいことは何もなく、暗黒の3年間でした。アリスの歌、「遠くで汽笛を聞きながら」の1番の歌詞そのものでした。

だから、この高校3年間のことは、ほとんど記憶に残っていません。

英語に関しても、受験英語ばかりで、今まで自分が好きだったリズムある音楽のような、生の英語は一切ありませんでした。同じ英語という言葉でも、何の興味もない、文法、長文読解の世界でした。

「これは俺の目指す英語ではない！」と、英語に一切の興味を失いました。定期考査も、ほとんど勉強しないから、5段階の「3」がやっとでした。

「慶應だって？　何年かかっても入れないよ」

やがて3年生に進級しました。3年時に2回ほど旺文社の全国模試を受けましたが、100点満点の20点台という有り様。偏差値30くらいだったでしょうか。

当時の学校の成績は、5段階評価で、体育の「5」を除けば、残り全教科「3」と「2」でした。

やる気のない高校時代でしたが、唯一気に入っていたのが「万葉集」でした。『萬葉百歌』という本が好きで、その奥付に「慶應義塾大学国文科：吉田健吉、池田弥三郎共著」と書いてあったことから、慶應義塾大学の国文科に憧れを抱いていました。
3年生2学期後半の、担任との進路面談の時のことだけは、明確に記憶に残っています。

担任：進路はどうする？
山口：慶應義塾大学の国文科に入って、万葉集の研究をしたいです。
担任：慶應だって？　君だったら、何年かかっても入れないよ。
山口：慶應以外は行きたくありません。
担任：今から必死に頑張っても、どうせ無理に決まってるよ。
山口：わかりました。どこを受けるかは、自分で決めます。

この担任の発言だけは、いまだに忘れていません！　はらわたが煮えくり返りました。「俺がどんな人間かも何も知らないくせによー。ふざけんなよ！」と、心の中で叫びました。

そして、大学入試の時期が来ました。慶應義塾、早稲田、その他3校ほど受験しましたが、全滅でした。この惨憺《さんたん》たる結果を見て、ナイフで胸をグサリと刺された気持ちになりました。

俺は、こんなもんじゃない！

この先どうするかを考えるため、夕方になって、自転車で5分の日本海の浜に出ました。夜中になるまで、ずーっと波打ち際近くに座り、波の寄せては返す音をBGMに、考えました。

「山口隆博、お前は、これでいいのか？お前はこれだけの人間だったのか？……いや、違う！俺は、こんなもんじゃない！3年間の暗黒の高校時代、ほとんど何もやらなかった結果なんだ。だったら、1年間東京に出て、予備校に通い、必死に勉強して、見返してやる！1年間だけ、自分に勝負をかけたい！」

家に戻り、両親にお願いをしました。「1年間だけ、東京の予備校に通わせてください。1年後には慶應義塾大学に合格します。浪人させてください」と。

そして、両親を説得し、浪人させてもらうことになったのです。

生き返った浪人時代の1年間

1人で夜行列車の「出雲号」に乗り、予備校の入学金を胸に収め、東京に乗り込みました。予備校の手続きも下宿探しもすべてのことを、自分1人でやりました。これから1年間、1人で勝負するのですから。

早々に模擬試験がありました。団塊の世代の真っただ中でしたので、その年はおそらく5000人くらいはいたと思います。

入塾してすぐの模試で、英語は2000番くらいでした。さあ、ここからどれだけ上に登れるか勝負するぞ！　と気合を入れました。

珍しいことに、予備校に英語音声学という科目がありました。これこそ俺がやりたかった英語だと思い、真っ先に登録したものです。

始まってから3回目までは、英語の音声を学ぶ授業をワクワクしながら受けました。ところが、その先生は、喉の手術を受けられるとのことで、突然、担当講師が変わることとなりました。

新しい先生が来た日。事務員の方が、ハンドマイクで先生の紹介をし始めると、先生は事務の方からマイクを取り上げ、教壇の正面に立ちました。そして、黙ったまま、150名の生徒を1人ひとり見渡しました。

1分間ほどの沈黙でしたが、生徒全員がかたずをのみ、その先生に注目しました。やがて彼は、ゆっくりとした英語で自己紹介を始めました。

そのうち、話す英語のスピードが少しずつ速くなり、途中からネイティブスピーカーと同じスピード、リズム、イントネーションで、周りを圧倒させるような、素晴らしい英語で話されたのです。

鳥取の片田舎から出てきて、日本人でこんなふうに英語を喋る人間に出会ったのは初めてでした。感動して体中が震えました。ゾクゾクしました。これだ！これが、俺が求めてきた英語だ！と思いました。

彼こそが、森喬伸氏です。後に、松本亨英語専門学校を作った人でした。授業が終わるとすぐに講師室までついて行き、森氏に迫りました。

「先生のようなすごい英語が喋れるようになりたいです！　どうすればそうなりますか？」

すると森氏は、このように答えたのです。

「だったら、松本亨先生が講師をされているＮＨＫラジオの『英会話』をやりなさい」

次の週がやってきました。授業後、また講師室を訪ねて、「先週、先生からＮＨＫラジオの英会話を聞くようアドバイスをいただいた山口です」と、声をかけました。

すると森氏は、こう言ったのです。

森氏「おー、君か。覚えてるよ。あれから1週間たったよな。じゃあ、1週間分全部言ってみなさい」

山口「覚えられてはいませんが、1日に3回の放送を毎日聞き、1週間聞いて真似して、同じように言えるように練習しました」

森氏「英語をやるってのはなあ、聞いた音をそっくりそのまま真似して言えるようにし、全部をそのまま覚えて、使えるようにすることなんだ。聞いただけでは『やった』とは言わないんだよ。そして、覚えたら使うんだ。言う相手がいなければ、公園の木や石に向かって語りかける。部屋の壁に向かって語りかける。相手が人間でなくてもいいから、そっくりそのまま聞いて覚えた英語で語りかけ、使ってみることなんだ」

再び、ナイフで胸を刺されたような衝撃を受けました。この瞬間、何かを本気でやるということは、徹底的にやることなのだと悟ったのです。

松本亨先生のＮＨＫラジオ「英会話」にのめり込む

当時は、テープレコーダーなど高くて買えませんでしたから、1回15分のラジオ放送を1日3回聞きました（朝6時30分、昼15時15分、夕方18時）。

朝は、ラジオテキストに赤ペンで抑揚を書きながら、真似して言いました。昼は、他の授業中に、目立たぬようにイヤホンで聞き、心の中で真似して言いました。そして、授業が終わってから予備校の屋上に上がり、声に出して、何度も何度も繰り返し覚えるまで練習しました。夕方には、もうテキストを見ないでも、そっくり言えるようになっていました。

帰りの電車の中で、他の人には聞こえない程度の小さな声で練習をしていた時のことです。突然、電車の中で練習する自分の声が、いつもより大きく聞こえました。電車が駅に停車したのです。走行中は騒音で自分の声が消されていましたが、停車すると騒音は消え、静かな車内に自分の声が響き渡り、慌てたものです。

そして次の週を迎え、授業後に、講師室の森氏を訪ねました。

山口：先生、1週間分全部覚えたので、聞いてください！　全部言えました。

森氏：本気になってきたな、いいぞ。でも、2週間目なんだから2週間分言えなきゃダメじゃないか。1カ月目であれば、1カ月分全部、1年間だったら、1年間分全部覚えて、使えるようにしなければ、やる意味がないんだよ。

甘かった、と思いました。それから本気になって積み重ねながら覚えるようにしました。そうして、4月から7月までの4カ月分のNHK英会話テキストをすべて覚えて、使えるようにしました。

夏休み前、7月後半に英語の模試がありました。予備校の廊下にトップ100名の名前が貼り出されたので、「誰か知ってるやつの名前がないかな」と、見てみました。

すると、なんと！　驚くなかれ。自分の名前が、18番目にあったのです！　信じられませんでした。奇跡が起こったのです！

ＮＨＫのラジオ「英会話」を４カ月分覚えて使えるようにしたら、２０００番が18番になったのです！

これには大きな、大きな自信を得ました。

高校時代のすべてのしがらみから解放され、大好きな音を通してのコミュニケーション英語を思いっきり楽しみました。水を得た魚状態となったのです。

この時点で、浪人するきっかけとなっていた「万葉集」のことはすっかり忘れ、中学時代に好きだった、音を通しての、本物の英語が蘇って、その虜になっていたのです。

ＮＨＫラジオ「英会話」を本気でやり始めたら、それだけでは済まなくなっていました。書店に行き、ペーパーバックの薄い英語の本を買い、どんどん読破しました。日本語に訳さず、英語は英語のままで意味がわかるようになっていました。もちろん、予備校のテキストの予習・復習も一生懸命やりました。英語で日記を書いてみたりもしました。

1つのことに夢中になり、自分に自信が持てるようになると、派生していろいろなことにチャレンジしたくなるものなんだと、身を持って体験しました。その結果で、18番になったのかもしれません。

9月のある晩、夢を見ました。英語など全く話せるわけもない祖母が、私にどんどん英語で語りかけるのです。興奮して目が覚めました。頭の中が全部英語になっていたようです。

じっとしていられなくて、まだ読んでなかった少し厚手のペーパーバックを30分ほどで一気に読破しました。英語が何の抵抗もなくスーッと体の中に入ってくるのを実感しました。

4月から翌年1月までの、10カ月分のNHKラジオ「英会話」テキストを完璧に覚え、使えるようにしました。森氏の影響で、浪人中に大学生の英語ディベート全国大会の決勝戦もいくつか見学に行き、英語を使うというのはこういうことなんだ、と、刺激も受けました。

予備校の1年間で自分を取り戻すことができ、この上なく楽しく、刺激的な浪人生活を過ごせたのです。

そして、本当の奇跡が起こった

いよいよ慶應義塾大学の入試の日がやってきました。

試験を受ける慶應義塾大学日吉キャンパスの校門の前で誓いました。「俺は、この日のために1年間頑張ってきた。やれることは全部やってきた。必ず合格してやる！」

英語の試験で、すごいことがありました。英作問題で、受験英語なんかには絶対出てこないような英語表現が出たのです。ＮＨＫラジオ「英会話」で覚えていた英語表現でした。

受験英語だけやってきた人には書けない表現でした。「これで合格は決まった」と、実感しました。さらに運のよいことに、日本史では、自分が得意な時代の問題が出たのです。

合格発表は自分で大学まで見に行き、そして自分の受験番号を見つけました。やった！　とうとうやったぞ！

高校3年生の時には、全国模試の英語で１００点満点の20点台しか取れなかった、偏差値30の自分が、慶應義塾大学に合格できたのです！

この日まで1年間、一度も故郷には帰りませんでした。1年ぶりに鳥取の米子に、往きと同じ夜行列車「出雲号」で帰りました。米子に近づくと、1年ぶりに見る、幼い頃から毎日見て育ったふるさとの山・大山《だいせん》が見えてきました。涙があふれて止まりませんでした。

自然と、石川啄木の詩が浮かびました。

ふるさとの山に向かひて言うことなし　ふるさとの山はありがたきかな

2. 逃げないで勝負したら奇跡が起きた

オーストラリアＮＳＷ州派遣教員に応募

当時、文部省から指定された全国の５県から、オセアニア地区で日本語教育を行っているハイスクールに、派遣教員として５人を１年間送り出すプログラムがありました。

ちょうど、東京都とオーストラリアのニュー・サウス・ウェールズ（ＮＳＷ）州が姉妹都市提携を結んだ年でしたので、東京都から初めて派遣教員を１名募集するとの告知を目にし、ダメもとで応募してみました。

しかし、面接の前日に大変なことが起きたのです。職員会議が大荒れに荒れ、会議後、教頭から「一杯やらないか」と声がかかったので、駅前の居酒屋に行きました。そして数時間にわたり、べろんべろんに酔うまで議論しました。

なんとか乗り換え駅まではたどり着けたのですが、途中から気持ちが悪くなり、ごみ箱に顔を突っ込み嘔吐《おうと》……。口の周りについた汚れをハンカチで拭き取った瞬間、メガネが吹っ飛び、パーンと割れる音がしました。慌てて見ると、片方のレンズが4、5ピースに散っていました。

一気に酔いが覚めました。明日は大事な面接です。急いで、割れたレンズをかき集めたり、今からでもメガネを作れるお店はないか、などと頭を働かせたりしましたが、結局、そのまま帰宅しました。

早朝まで数回トイレで嘔吐しました。こんな状態で明日の面接なんか行けるわけないと、あきらめかけていました。

しかし、朝方5回目に嘔吐した時、思ったのです。ここまできたら、何がなんでも面接に行って勝負してやる！　と。私は逃げないことに決めました。

翌朝、朝食をとりながら、女房に尋ねました。「片目のレンズがないメガネをかけた顔と、メガネなしの顔なら、どっちがいい？」

すると、女房はこう答えました。「メガネなしだと間の抜けた顔に見えるから、片方レンズがなくてもメガネをかけた方がいい。レンズがある方を正面に向け、少し斜めに構えると、なおいい」

かくして、片側のレンズが抜け落ちたメガネをかけて、面接会場へと向かったのです。

面接会場で

面接会場には30人ほど応募者が集まっていました。私の順番は、一番最後でした。私以外の人たちは、教育委員会とのつながりのある研究員、開発委員など、上昇志向の強い人たちのようでした。しかも、みな知り合いのようでした。

私は、教育委員会など相手にせず、「日本の英語教育を変えてやる」と意気込んで、他の英語教師や学校がやっていない、新しいチャレンジをたくさんやってきた一匹狼です。つまり、部外者だったのです。

好都合だったのは、面接を終えた人たちが、待機する仲間のところに、面接の情報を伝えてくれたことです。順番が最後だったので、彼らが話す情報から、ほぼ状況が把握でき、余裕が持てました。

そうして、いざ、面接へ。

面接官は3人。正面の方は指導主事。右側はアメリカ人のＡＬＴ。左側の方は、おそらく課長です。

まず、正面の方から日本語で質問がありました。胸を張り、礼儀正しい態度で答えました。

次に質問者が、右側のアメリカ人に移りました。今度は、先ほどとは態度を変え、脚を組み、アメリカ人になりきって英語で答えました。

そして再び、中央の主事の方が質問者に戻ったので、姿勢を正して応対しました。

その間、左側の課長らしき方は、一言も語ることなく、時々、ニヤリとされていました。片目レンズでまじめに対応している男が、おかしかったのでしょう。「片目レンズがバレてる」と、気づきました。

東京都の第1号に選ばれる

数日後、結果が届きました。なんと、東京都からの派遣教員第1号に選ばれたのです！　これは奇跡としか言いようがありません。

教育委員会と、何の関係もない人間が、しかも、片目レンズでまじめくさって面接を受けた人間が、選ばれたのですから。

おそらく、東京都から最初に派遣する人間だから、何が起きてもやっていける度胸あるやつ、として選ばれたのだと思っています。どんな状況になろうとも、逃げないで、勝負したから、この奇跡が起こったのだと実感しています。

コラム④ ラップ授業、全国ツアー

希望があれば、全国どこへでも飛んで行って、このラップ授業を行います。生徒たちにとっては、最高に楽しい授業になると思いますよ！

「テイラー・スウィフト"Shake it off"ラップ授業」

〔目的〕

- 英語の魅力を体で経験できます。
  生徒の興味を引く題材「ラップ」で、英語のリズムを楽しみます。

〔効果〕

- 50分でテイラー・スウィフトと同じようにラップが言えるようになります。
- 英語の魅力に取りつかれ、劇的に自ら学ぶようになります。
- スピーキング特訓により、リスニング、リーディング力もアップします。
- 速い英語が言えるようになれば、速い英語が聞き取れるようになり、英語を速く読めるようになります。

（英語を左側から意味をつかむ＝スピードリーディングができるようになります）

〔実証〕

- 生徒は、1年間の活動の中で、最も楽しかった活動としてこれを筆頭に挙げています。
- GTECスコアが大幅にアップします。

〔意義〕

- 英語音声学理論に基づく活動であるため、英語リスニングの基礎力が養成できます。
- 受験用（共通テストなど）のリスニング問題集をいくらやっても、根本的な英語を聞く力がなければ、砂上の楼閣です。音声学に基づいたリスニング力があれば、受験をも超えます。テスト対策（攻略テクニック）は、3年の2学期からでも十分間に合います。
- 生徒が食らいつく魅力的な、楽しい題材が生徒を変えるのです。
- 英語はテストのための、生徒を苦しめる存在であってはダメです。英語は、もともと楽しく乗れるもの。英語はリズムの言語。音楽と深い関連性があるのです。

終章

これからの教育のかたち

日本の学校教育制度は明治時代の「学制発布」が基となっています。国益のために、政府主導で「無識文盲」の国民の「教化」を目指し、「学校」が始まったのです。

これからは、教育は政事から独立し、新しい教育を目指さなければなりません。

本書の最後に、日本が目指すべき、新しい教育構造改革を提案します。

1. これまでの教育のかたち

明治維新時に大久保利通が設置した「学校ノ制」

現在の日本の学校教育制度は、明治維新時、明治5（1872）年の「学制発布」に端を発します。

大久保利通が「マズ無識文盲ノ民ヲ導クヲモッテ急務トスレバ、……教化ノ道ヲ開キ学校ノ制ヲ設クベシ」（『政府ノ体裁ニ関スル建言書』、大久保利通、1869年）と言って実行したのが「学校ノ制」です（※傍線は山口）。

日本国民を「無識文盲ノ民」と見下し、「教育」ではなく、「教化」しようとしたのです。その目的は、黒船で開国を迫ってきた米英の属国にならないために、富国強兵・殖産興業を急務とし、近代国家作り達成のコマ作りのために「学校ノ制」を設けたのです。

政治主導で、「無識文盲」の国民を「教化」するため、日本で初めて「学校」という制度が始まりました。

「人間の教育」をするためでなく「国益のための変態教育」

それまであった、江戸時代の自由な学びの場、「寺子屋」、「私塾」、「郷学校」、「藩校」をすべて廃止し、国家が「変則的」に作った「国益のため」の学校です。1人ひとりの「異なった」才能や個性を尊重し、「子どもを善くしよう」などとは、みじんも考えなかった教育制度だということを、私たちは、再確認しておかなければなりません。はじめから日本の学校制度は、まともな制度ではなかったのです。

大久保との談話を前島蜜が記録した『大久保利通文書　九』（1878年、明治11年）の中で、大久保は、自分の専制主義的な姿勢を弁明して、「それはいかにも『変則』、『変態』ではあるが、日本の現状ではやむを得ないことである」と述べています。やがて国家の動きが軌道に乗った暁には民主的体制の「本物正則」に返したいという考えも持っていたようです。しかし、今日まで「正則」には戻っていません。

大久保利通たちに真っ向から反対した、福澤諭吉の教育に対する考え方

国家の近代化のために、国民を「無識文盲ノ民」と見下し、学校を作り、この国民を「教化」しようとした大久保利通の考え方に対し、真っ向から反対したのは、福澤諭吉でした。

福澤には、国民が全く違って見えていたのです。国民の1人ひとりが「金玉《きんぎょく》の身」であり、それぞれが異なった「天資」をたずさえてこの世に生を授かっている。教育とは、それを傷つけることなく磨き育てることだという考えでした。「金玉の身」である国民を「教化」する必要など全くなかったのです。

福澤は、大久保を含めた明治政府の、政治主導の変則教育制度のやり方に対し、「政教混一」を改め、『政事と教育と分離すべし』（１８８４年）と主張し、政事の介入を許さない「教育の独立」を訴えました。

明治維新の頃に福澤がこのような素晴らしい教育観、教育思想を持っていたことは、驚くべきことです。しかし、維新政府からは相手にされず、学制が強引に押し進められていったことは残念極まりないことです。

その後、幾多の戦争を経て、ついには太平洋戦争で敗戦し、「アメリカ教育使節団報告書」に基づき、「教育基本法」が制定され、民主国家へと変わりました。しかしながら、極めて残念なことは、それ以降も日本の教育制度は、政治主導の中央集権教育が継続され、「政教混一」の「変態教育体制」が、明治維新以来今日まで150年以上も続いていることです。

2. これからの教育のかたち

「日本が目指すべき、新しい教育構造改革」を提案

福澤諭吉の教育に対する考え方を受け継ぎ、私の恩師でもある慶應義塾大学名誉教授の村井実氏は、50年以上にわたり幾多の著書の中で、「日本の教育構造は、政府に囲い込まれた閉鎖制から、独立した開放制に変えるべき」と訴えてきました。

村井実氏の改革案と、教育の独立を成功させたフィンランドの教育制度を参考にし、日本の教育が1日も早く政事から独立するよう、以下のように提案します。
- 教育を政事から独立させます。
- まず、新しい「教育構造改革委員会」を設置し、ここが中心となって、企画、立案、実行を推進していきます。
- 「教育は子どもたちを〝善く〟しようとする働きかけである」ことを「定義」とします。
- 子どもたちはみな〝善く〟生きようとしている。子どもたちはみな「違う」という「人間観」を、行政、学校、教師、親御さん、すべての日本国民が、「共通認識」として持ち、教育の中心に据えます。
- 中央集権的な管理教育はやめ、教育の権限を、政府から地方自治体、学校、教師に移します。
- 文部科学省は「教育省」と名前を変え、学校の建物や教師の給与など、条件整備と制度構築や権限規定などの立法部門を担当し、学校を支援するための機関とします。教育内容に関する権限は全くなく、政府の教育内容に関する介入は、認めません。

- 教育体制、教育内容全般に関しては、政府から独立し、政府の干渉を許さない、「国家教育委員会」に任せます。国の教育の中核をなす、教育の専門家集団とし、この会の決定に従い、「教育省」が予算を獲得し支援します。

また、これまでの学習指導要領に代えて「国家カリキュラム大綱」を国家教育委員会が作成します。現場の教育機関がカリキュラムを決める際の大枠の手引書程度にとどめることとします。

- 明治以来の義務教育をやめます。義務教育は英語の compulsory education、強制教育という意味です。もう国民が国家から強制的に教育を受けさせられる義務など存在しません。
- 保育園、幼稚園から大学院まで、教育費はすべて無償とします。
- 国民の教育は生涯教育のためにあるとの共通認識に基づき、学校はすべて生涯学習センターと命名します。
- 生涯学習センターの中に、小学コース、中学コース、高校コース、短大コース、専門学校コース、大学コース、大学院コースなどを設けます。

このセンターは、現在の学校も利用できますし、公民館、公共図書館、児童センター、青少年センター、国民休暇村など、公共施設も活用します。センターは、民有私立の機関とし、国公立と私立の差別は廃止し、公費で運営されます。センターでは、もちろん社会人も学ぶことができます。いつでも、どこでも、自分が学びたいことを、自分が学びたい方法で、自由に学べるようにするのです。

- 学年をなくし、単位制とします。単位互換も可能で、いくつかのセンターを移動し、自分の興味・関心に合った自由な学びができます。取得単位や資格は、社会的に認められるようにします。
- 習熟度別編成は行わず、高校コースが終了するまでは、生徒の選別も、テストも、行いません。
- 高校コース終了時にのみ、高校卒業資格と大学入学資格を兼ねたテストを行います。すべて記述式とします。
- 教師の業務は、本業の授業と授業準備などを含めた授業関係以外の業務は行わないこととします。

- 必要な事務職員、センター職員を必要に応じて配置し、教師が授業に専念できるように支援します。
- 教科書検定は廃止します。
- 校則も制服もありません。
- 始業式、終業式、運動会、文化祭、入学式、卒業式などの学校行事も行いません。
- 学校での部活動はありません。
- 少人数クラス（20人以下）で、グループ学習を主とします。
- 生徒のニーズに個別に対応し、極めて個別化した学びができるようにします。
- 教科の授業もありますが、クロス・カリキュラムで総合的な学びを主体とします。

以上のようなことを実現するためには、ぶれてはならない、教育の進む方向の目印が必要です。これまでに繰り返し述べてきた2つの「教育の北極星」です。

・子どもたちはみな〝善く〟生きようとしている。
・子どもたちはみな違っている。

この価値観を、すべての日本国民が共通認識として体の中にたたき込んでおくことが不可欠です。

そうすれば、〝善く〟生きよう、自ら学ぼうとする子どもたち1人ひとりの天資を光り輝かせることができ、すべての子どもが自分の夢を叶え、奇跡さえ起こすことができるでしょう。

おわりに

原稿をまとめるにあたり、教え子の皆さんに多大なる協力をいただいたことに感謝するとともに、この本の出版にあたり、ご快諾いただきました産業能率大学出版部の皆様、そして編集をご担当いただきました瓜島香織さんに、心より感謝を申し上げたいと思います。

2024年3月1日

山口隆博

■参考図書■

- 「私には夢があります」（山口隆博著、『日本海新聞－潮流』、2020年3月5日）
- 「豊かな学びへ、先生にゆとりを」（山口隆博著、『日本海新聞－潮流』、2019年10月5日 ）
- 「学ぶ面白さ伝えたい～生きた英語指導～」（渡部ちぐみ記者著、『日本海新聞』2022年1月26日）
- 『この国の教育のあり方』（山口隆博編、アルク、2007年、P.159）
- 『悲しみの子どもたち』（岡田尊司著、集英社新書、2005年、P.258）
- 「秘めたるは、言葉の力」（『東京新聞』2018年11月28日）
- 「教師も生徒もわくわくする授業の実践～これが本当のActive Learningだ！」（山口隆博著、公益財団法人東京海上日動教育振興基金、2021年）
- 「国際教員指導環境調査（TALIS）2018報告書」（OECD（経済協力開発機構）、2019年6月19日）
- 「小学校から高等教育機関に対する教育公的支出」（OECD、2019年9月10日）
- 「教師宮沢賢治の授業」（GAIA、楽天ブログ、https://plaza.rakuten.co.jp/jifuku/9002/）
- 『教師宮沢賢治のしごと』（畑山博著、小学館文庫、2017年、P.111～112）
- 『NHKこころの時代～宗教・人生～　宮沢賢治　久遠の宇宙に生きる』（北川前肇著、NHK出版、2023年3月）
- 「新しい学習指導要領の考え方」（文部科学省）
- 「新学習指導要領の全面実施と学習評価の改善について」（文部科学省、

令和２年）（2020年）

- 「顧問強制しない米国に学ぶ『部活動改革』のヒント」（谷口輝世子、東洋経済 ONLINE、2021年）制作：東洋経済 education × ICT 編集チーム
- 「学校教育法施行規則の一部を改正する省令の施行について」（スポーツ庁、2017年３月）
- 「部活動指導員の制度化」（スポーツ庁、2017.4.1施行）
- 「『教育』の『発生的定義』提唱の意義について」（松丸修三著、高千穂論叢、2015年）
- 『教育学全集』（全15巻）（村井実他著、小学館、1967-69）
- 「確かな学力」（文部科学省）
  https://www.mext.go.jp/a_menu/shotou/gakuryoku/korekara.htm
- 「OECD 生徒の学習到達度調査」（OECD（経済協力開発機構）、2018年）
  https://www.mext.go.jp/content/000021454.pdf
- 「OECD 生徒の学習到達度調査 2018年調査（PISA2018）のポイント」（文部科学省・国立教育政策研究所、令和元年：2019年12月３日）
  https://www.nier.go.jp/kokusai/pisa/pdf/2018/01_point.pdf
- 『競争やめたら学力世界一　フィンランド教育の成功』（福田誠治著、朝日新聞出版、2006年）
- 『フィンランドの教育はなぜ世界一なのか』（岩竹美加子著、新潮新書、2019年）
- 『フィンランドの教育力』（リッカ・パッカラ著、学研新書、2008年）
- 『フィンランドに学ぶ教育と学力』（庄井良信・中嶋博編著、明石新書、2005年）

- 「フィンランドの教育の秘密とは？ 子どもの個性と学力を伸ばす制度や特徴を紹介」FULMA Online 2021/11/26
https://fulma.com/blogs/21
- 「フィンランド教育の成功に関する一考察 ～日本教育と比較して～」（仲川 恵理子、2019年）
http://www.waseda.jp/sports/supoka/research/sotsuron2007/1K04B157.pdf
- 「フィンランドの教育の特徴は？日本との違い、幸福度ランキング世界第1位の秘密を解説～教育の自由化～」education-career 株式会社ファンオブライフ 2019-11-27
https://education-career.jp/magazine/data-report/2019/finland-edu/
- 「フィンランド教育の大きな特徴3選！日本と教育の違いやメリット」まなびち 2023.9.30 https://bsc-int.co.jp/media/846/
- 「フィンランドと日本の教育の特徴や違いについて」（WEB）
ちょこまな 2021/7/9
- 「南山大学ヨーロッパ研究センター報 第26号 pp.1-23」
「フィンランドの教育、日本の教育」ヘルシンキ大学非常勤教授（Dosentti）岩竹美加子

- 『政府ノ体裁二関スル建言書』（大久保利通、1869年）
- 『大久保利通文書 九』（1878年、明治11年）
- 『政事と教育と分離すべし』（福澤諭吉、1884年）
- 『文明教育論』（福澤諭吉、1889年）
- 『現代語訳 学問のすすめ』（福澤諭吉著、齋藤考訳、筑摩書房、2009年）
- 『現代語訳 文明論之概略』（福澤諭吉著、齋藤考訳、筑摩書房、2013年）

- 『江戸の教育力』（高橋敏著、筑摩書房、2007 年）
- 『教育の理想』（村井実著、慶應義塾大学出版会、2002 年）
- 『日本の教育の根本的変革』（村井実著、川島書店、2013 年）
- 論文「教育の構造改革を求める」（村井実著、2009 年）
- 『アメリカ教育使節団報告書』（村井実全訳解説、講談社学術文庫、1979 年）
- 『教育思想（上）』（村井実著、東洋館出版社、1993 年）
- 『教育思想（下）』（村井実著、東洋館出版社、1993 年）
- 『教育の再興』（村井実著、講談社、1975）
- 『新・教育学のすすめ』（村井実著、小学館、1978 年）
- 『新・教育学「こと始め」』（村井実著、東洋館出版社、2008 年）
- 『ソクラテスの思想と教育』（村井実著、玉川大学出版部、1972 年）
- 『教育詩　新・ありの本』（村井実著、東洋館出版社、2001 年）
- 『聞き書　村井実回顧録』（森田尚人編、教育哲学会プロジェクト　「教育学史の再検討」グループ、2009 年）
- 『これからの日本、これからの教育』（前川喜平・寺脇研著、筑摩書房、2017 年）
- 『国家の教育支配がすすむ』（寺脇研著、青灯社、2017 年）
- 『文部科学省』（寺脇研著、中央公論新社、2013 年）
- 『学年ビリのギャルが 1 年で偏差値を 40 上げて慶應大学に現役合格した話』（坪田信貴著、KADOKAWA、2013 年）
- 『日本の教育、どうしてこうなった？』（児美川孝一郎・前川喜平著、大月書店、2022 年）
- 『教育をめぐる虚構と真実』（神保哲夫・宮台真司・藤原和博・藤田英典・寺脇研・内藤朝雄・浪本勝年・鈴木寛著、春秋社、2008 年）

■著者略歴■

山口隆博（やまぐち　たかひろ）

昭和23年（1948）9月　鳥取県米子市生まれ。

<学歴>

・鳥取県立米子東高等学校卒業
・慶應義塾大学文学部卒業
・早稲田大学専攻科英語英文専攻修了

<学部時代>

文学部：教育哲学「村井実」ゼミ

・慶應義塾大学英語会（KESS）所属：
大学4年次、「上智杯全国大学生英語ディベート大会」で3位

・「英語とヨーロッパの旅研究会」第4期会長：
大学生の2カ月間英国ホームステイ＆ヨーロッパ旅行を企画、大学生120名を集客、学生リーダーとして引率通訳＆コーディネーター

<職歴>

1. 教職：26年間 (1973～1988, 2011～2022)

慶應義塾普通部英会話講師

(アメリカ人講師とティームティーチング)

・集英社企画米国ユタ州1カ月間ホームステイプログラム添乗通訳

慶應義塾外国語学校中級英語会話講師

品川区立荏原第六中学校教諭

・生徒2名に英語スピーチ指導 (高松宮杯関東大会2位／品川区中学生英語弁論大会優勝)

・ボーグナン・イングリッシュスクール小学生用英会話テキスト執筆 (1974年)

・全国英語教師英語弁論大会優勝 (オーストラリア大使館&日豪教師連盟主催) (1976年)

東京都立永福高等学校教諭　→10年間

・新設校開設年度より学校創りに参画 (第1期生担任)

・全校生徒参加「英語レステーションコンテスト」実施 (3学期評価30%に組み込む) (1982年)

・体育祭実行委員長& 1200人全校生徒を指揮 / 文化祭実行委員長& 1200人全校生徒を指揮

・女子ソフトボール部監督 (東京都400校中、最下位をベスト12位に)

・文部省オーストラリアNSW州派遣教員 (東京都からの選抜第1号) (1985年)

1年間NSW州のハイスクール7校で日本語を教授

シドニー大学夏季日本語集中講座講師

NSW州高校卒業&大学入学資格試験 (H.S.C.) 日本語採点委員

・都立永福高校姉妹校委員長
都立校 220 校中、初の姉妹校提携を実施
⇒オーストラリア NSW 州 Fort Street High School とホームステイ短期交換留学開始（1987 年～）
・東京都教育委員会 国際理解教育委員：研修会講師
・東京都教育委員会 新人研修会講師
・東京都教育委員会 教員採用試験英語面接官
・東京都教育委員会 開発委員
・全英連全国大会発表（英語）
・英検２級面接試験官
◎『短大合格 900 だけの英単語』（集英社より共著にて発行）

2. 企業：２５年間（40　歳で転職）（1988）

出版社（株）アルク（1988.01 ～ 2013.09）
・海外事業部　→ 1988.01 ～ 1999.03（後半３年間事業部長）
中・高生の英語圏への正規留学カウンセラー
＊英国パブリックスクール連盟（ISIS）、米国ボーディングスクール連盟（NAIS、SSATB）年次総会、毎年出席
＊約 50 校の英、米、豪、加、スイスのボーディングスクール（全寮制寄宿学校）を訪問
＊カナダ、ブリティッシュコロンビア州政府教育委員会と合同で、日・加高校生 40 名参加の３週間合同日英語学研修合宿を企画・提案・実施（U.B.C. キャンパスにて）
大学・大学院留学カウンセラー
＊大学院留学入試エッセー作成指導
＊全米留学生担当者会議年次総会（NAFSA）、毎年出席
＊全豪 ELICOS 年次総会で、「日本人の海外留学事情」講演（英語）
＊全豪大学日本語学会で「日本に於ける日本語教育の現状」講演（英語）

・イベント推進部長　→ 1999.4 ~ 2003.3
Language EXPO 2001、Global Communication World 2002 チーフプロデューサー
(3 日間 3 万人集客、6,000 万円規模の語学教育展示会の総責任者)
・月刊誌『子ども英語』編集長→ 2003.04 ~ 2007.03
・キッズ英語事業部長→ 2001.07 ~ 2013.01
＊ 2008.09 に定年退職＆再雇用にて嘱託契約→ 2013.09.30 契約終了、完全退職)
・J-SHINE（NPO 小学校英語教育推進協議会）理事　2003.04 ~ 2019.03　2023.06 ~
・横浜市教育政策懇話会委員　2004.10 ~ 2010.03
◎山口のインタビュー集『この国の教育のあり方』（編者として、アルクより発行）2007.07
・文科省委託調査提言機関「教育政策懇話会（高大接続改革）」委員　2015.04 ~ 2019.02
・田園調布学園大学兼任講師（英語担当）　2011.04 ~ 2015.03/ 2017.04 ~ 2019.03
・東洋英和女学院大学非常勤講師（英語担当）　2012.04 ~ 2017.03
・東洋英和女学院大学生涯学習センター講師（英語担当） 2017.04 ~ 2019.03
・産業能率大学兼任講師（英語担当）　2018.04 ~ 2019.03
・朝日カルチャーセンター横浜講師（英会話）　2018.01 ~ 03
・文科省調査研究事業「検定試験の第三者評価に関する調査研究」試験問題委員　2018.06 ~ 2019.03
・鳥取県立米子西高等学校　常勤講師　2019.04 ~ 2020.03
・鳥取県立米子西高等学校　非常勤講師　2020.04 ~ 2022.03
・鳥取県立米子東高等学校　非常勤講師　2021.04 ~ 2022.03

・『日本海新聞－潮流』連載記事執筆　12 回（月 1 回）　2019.04 ～ 2020.03

・『日本海新聞』1 ページ取材記事掲載：4 回　2019.04 ～ 2022.04

・教育実践研究論文　第 38 回「東京海上日動教育振興基金」個人部門採択　2022.06
「教師も生徒もわくわくする授業の実践」～これが本当の Active Learning だ！～

＜講演実績＞

・1982.08　全豪 ELICOS 年次総会にて、講演（英語）：「日本人の海外留学事情」

・1983.07　全豪大学日本語学会にて講演（英語）：「日本に於ける日本語教育の現状」

・1988.05　大学院留学セミナー講師：「国際公務員を目指す！」

・2003.04 ～ 2020.10　アルク主催「J-SHINE 小学校英語指導者資格取得研修講座」にて講演
講演タイトル：教育原論「子どもたちの輝く目を取り戻せ！」（17 年間、全国 60 都市にて、200 回以上講演）

・2005.11　千葉大学教育学部にて講演：「あたり前はあたりまえでない」

・2006.10　JASTEC（日本児童英語教育学会）全国大会で発表
講演タイトル：「教育学的考察による小学校英語必修化の意義」

・2007.01　高知県、明徳義塾高校にて講演「夢をあきらめるな！」

・2007.01　常葉学園大学、日本語学科、英米語学科にて講演
講演タイトル：「あたり前はあたりまえでない」

・2007.10　慶應義塾大学にて講演：「日本の英語教育改革と教育改革」

・2008.06　東洋英和女学院大学にて講演：「企業が求める人材」

・2008.08　「教育夏まつり２００８」（NPO 日本教育再興連盟主催）

にて講演（横浜）
（陰山英男先生の要請にて）　講演タイトル：「驚異の小学校英語実践報告！」
・2008.10　「地域教育力シンポジウム」、パネリスト（米子市）
＊布村元文科省高等教育局局長、竹内元鳥取市長もパネリスト
・2009.03　ALL 関東教育フェスタにて講演：「この国の教育のあり方」（東京）
・2010.02　NPO 教育支援協会主催 J-SHINE 研修講座講師：「教育
～ 2012.09　　原論」（全国）
・2011.01　J-SHINE 主催「小学校英語活動フォーラム」総合司会（東京）
パネリスト：鈴木寛元文部科学副大臣、中井元文科省国際教育課長など
・2012.12　都立上水高校「授業フェア」講師：「自分の英語で自己発信する！」（東京）
・2013.05　J-SHINE10 周年記念行事「小学校英語活動シンポジウム」（東京）：
総合司会、パネリスト：神代元文科省国際教育課長、鈴木寛元文部科学副大臣
・2015.11　J-SHINE 主催「小学校英語活動フォローアップ研修会」（東北大学）
パネルディスカッション、コーディネータ
・2018.03 & 08　明徳義塾高校「コミュニケーション英語 3 日間集中
& 2022.07　　講座」講師（高知）
・2021.11.25　　鳥取県高等学校外国語研究会で講演
講演タイトル：「教師も生徒もわくわくする授業の実践」（県立米子西高校）

●プライベートでは陶芸家（銘：山口龍伯）。1990年作陶開始。
展示会出品：渋谷東急本店、玉川高島屋、米子高島屋「山口龍伯作品展」
入選：「全陶展神奈川支部展」、「第45回全国陶芸展」、「第20回陶芸財団展」、「抹茶茶碗コンテスト」
入賞：「全国めし碗グランプリ展」審査委員長特別賞

生徒の学びがはじける教室
子どもたちはみな“善く”生きようとしている　〈検印廃止〉

著　者　山口 隆博
発行者　坂本 清隆
発行所　産業能率大学出版部
東京都世田谷区等々力 6-39-15　〒 158-8630
（電 話）03（6432）2536
（FAX）03（6432）2537
（URL）https://www.sannopub.co.jp/
（振替口座）00100-2-112912

2024 年 3 月 25 日　初版 1 刷発行

印刷・製本／渡辺印刷

（落丁・乱丁はお取り替えいたします）　ISBN 978-4-382-15847-4